中国社会科学院语言研究所 主办
中国语言学会语音学分会 会刊
PAC Phonetic Association of China

第12辑

Chinese Journal of Phonetics

中国语音学报

中国社会科学出版社

图书在版编目（CIP）数据

中国语音学报．第12辑／中国社会科学院语言研究所主办．—北京：中国社会科学出版社，2020.7

ISBN 978-7-5203-6337-2

Ⅰ.①中…　Ⅱ.①中…　Ⅲ.①汉语—语音学—文集　Ⅳ.①H11-53

中国版本图书馆CIP数据核字(2020)第065417号

出 版 人　赵剑英
责任编辑　张　林
责任校对　周晓东
责任印制　戴　宽

出　　版　中国社会科学出版社
社　　址　北京鼓楼西大街甲158号
邮　　编　100720
网　　址　http://www.csspw.cn
发 行 部　010-84083685
门 市 部　010-84029450
经　　销　新华书店及其他书店

印刷装订　北京君升印刷有限公司
版　　次　2020年7月第1版
印　　次　2020年7月第1次印刷

开　　本　787×1092　1/16
印　　张　8.75
插　　页　2
字　　数　229千字
定　　价　48.00元

纪念吴宗济先生110周年诞辰

丁红卫	上海交通大学
顾文涛	南京师范大学
呼　和	中国社会科学院民族学与人类学研究所
胡　方	中国社会科学院语言研究所
贾　媛	中国社会科学院语言研究所
孔江平	北京大学
李爱军	中国社会科学院语言研究所
李蕙心	香港城市大学
李敬阳	公安部物证鉴定中心情报信息技术处
李永宏	西北民族大学
凌震华	中国科学技术大学
刘俐李	南京师范大学
刘新中	暨南大学
路继伦	天津师范大学
马秋武	同济大学
冉启斌	南开大学
石　锋	南开大学，北京语言大学
陶建华	中国科学院自动化研究所
王洪君	北京大学
王英利	广东省公安厅刑事技术中心
王韫佳	北京大学
魏建国	天津大学
吴民华	香港大学
谢　磊	西北工业大学
熊子瑜	中国社会科学院语言研究所
许　毅	伦敦大学学院
颜永红	中国科学院声学研究所
杨玉芳	中国科学院心理研究所
翟红华	山东农业大学
张　华	同仁医院耳鼻喉科
张劲松	北京语言大学
郑　方	清华大学
郑秋豫	台湾中研院语言学研究所
朱维彬	北京交通大学
朱晓农	香港科技大学
祖漪清	安徽科大讯飞信息科技股份有限公司

目 录

吴宗济先生的学术思想和他对中国现代语音学的贡献

林茂灿

吴宗济先生离开我们九年了，我们想念他、怀念他。大家为他110周年诞辰举办纪念活动，以彰显他开创中国现代语音学的业绩。我从以下四个方面，讲述吴宗济先生的学术思想和他对现代语音学的贡献。一、吴先生的欧洲考察成果与我们的语音研究方向；二、吴先生的学术思想是面向实际研究语音，寻找“语音最小载讯成分”，服务国家、服务社会；三、吴先生用声学实验常用的设备，研究普通话元音和辅音；四、吴先生被选为国际语音科学大会的终身常务理事，为我们走向国际语音科学打开了大门。我认为，吴先生的学术思想及工作精神和态度，值得我们认真学习，不断继承，发扬光大。

1. 欧洲考察成果与我们语音研究方向

中国社会科学院语言研究所开展实验语音学（现代语音学）研究是国家科学发展的需要和要求。在1956年制订的“国家科学发展计划”中，国家要求语言研究所开展机器翻译和实验语音学两项研究。罗常培所长把吴先生从上海调到北京，吴先生从上海延安路的豪宅，住进了端王府夹道七号大院的六七平方米的斗室（东房），为的是从传统语音学进入现代语音学这个国家急需的新领域。那时，语言所正与教育部合办“普通话语音研究班”，吴先生担任语音学课的讲授工作，还编写了语音学教材。1957年，有一个中国与捷克双方科学院交流学者名额，罗先生和吕先生等领导就派吴先生去捷克考察国际上实验语音学的研究情况，为期一年。“捷克的言语声学水平与西方有差距，设备也多已过时。”［1］［2］吴先生“在出国之前，就读到瑞典Fant教授写的《近代言语声学研究的仪器和方法》”［3］一文，于是就“申请去瑞典、丹麦考察、访问，又得到领导批准”。［1］［2］去瑞典和丹麦之前，吴先生还访问了当时的民主德国。1958年春，吴先生到了瑞典Fant实验室，看到他们“自制的语音合成装置，在当时比英美还先进，可以发出元音和辅音”。［1］［2］吴先生在丹麦期间，知悉哥本哈根大学“Fischer-Jørgensen教授为了做声带颤动实验，竟敢用肌电计的针刺自己的喉”［1］［2］，吴先生很受感动。Fischer-Jørgensen教授在1958年发表了《声学语音学新技术对语音学的贡献》［4］，此文“在语言学界引起了极大反响”。（文中带引号的文字，均来自《吴宗济语言学论文文集》［1］中“我的音路历程”中“铺路”部分（2004），下同）

吴先生在捷克、民主德国、丹麦和瑞典学习访问期间，学到和掌握了许多新东西，也带回了许多资料。但是最重要的成果是看到了语音学向现代语音学快速发展这个方向。当时国外通信工程正在寻找语音在传输中，哪些谐波、哪些频率成分是必须保留的，而哪些却是次要的，从而出现了多余率概念；为了提高电话线路的通讯效率，必须找到语声的“最小载讯成分”［5］。《语音分析初步》（*Preliminary to speech analysis*）（Jakobson，R.，G. Fant. M. Halla，1952）［6］是这方面的经典之作，吴先生对这本著作认真阅读、思考。吴宗济先生带领我们开展汉语实验语音学研究时一直主张并努力实践：实验语音学要“探索语音的真相，寻找语音‘最小载讯成分’［1］［2］。［“最小载讯元素”是信息论用语，指语音信号在通信设备中，必须保留的最低限度部分；超过这个部分的，对语音信息是多余的。现在“多余率”这个概念既可出现于语音，又可出现于音系，又可出现于句法和语义。见《现代语言学词典》（第四版），沈家煊译，2000］［7］

2. 面向实际研究语音，服务于国家、服务于社会

这时，我国军事部门、通讯院校也正在研究声码器、频带压缩等通信技术，要求从波形中找到汉语元音和辅音的“最小载讯成分”。1958 年 6 月一回到国内，吴先生就立即着手研究普通话元音和辅音的声学性质，并马上跟军事部门和通讯院校研究声码器等的同行取得联系，在研究中相互配合、相互讨论。我于 1958 年 9 月底分配到语言研究所工作，就看到吴先生正忙着用他自己设计、装配的声学分析装置，进行普通话元音和辅音频谱分析等。当时，总参通信兵部一位处长叫李长恩，经常来语言所探讨这方面的成果，并应用于他们的工作中。还有四机部三十所所长刘长友先生，邮电科学院邮电研究所王润生先生（蔡长年所长的助手），也是语言所的常客。

吴先生有极强的责任感，看到国家需要，好像有使不完的力量。他精力充沛，积极地带领大家，全身心地投入研究普通话元音和辅音性质的工作中。吴先生认为，语音声学研究必须与生理研究相结合，寻找元音和辅音声学性质的生理依据。于是他亲自制作腭位仪，带领大家使用医院的 X 光设备，拍摄元音和辅音的口腔 X 光片。从吴先生 1958 年 6 月回国到 1965 年为止的六七年中，他主编了《普通话语音实验录》四卷（包括语音的生理、声学的实验方法及普通话的元音、辅音、声调的分析研究等共六卷，约 30 万字，图表约三百幅）。此专著虽然未发表，但有关内容都先后发表于《声学学报》和《中国语文》上。我国学者对语音音色的认识从“就是颤动形式的不同，或者说，是由于音波的式样的不同，波纹曲折的不同”［8］（罗常培、王均：《普通语音学纲要》，1967），到元音的“最小载讯成分”是元音的前三个共振峰，而辅音是横杆、竖条（“冲直条”）和乱纹三种基本纹样［5］。吴先生主编的《普通语音实验录》，反映了我们从传统的口耳之学向现代语音学的转变！

吴先生领导语音组取得的成果，不仅为通讯部门所重视，而且也服务于民众。1963 年的除夕夜，呼家楼一栋居民楼起火，影响很坏。公安局拿到几个嫌疑犯的声音，请语言所协助确定作案嫌疑犯。通过对共振峰和基频等声学参数的对比研究，确定了三五个人，供警方参考，有关方面来信表扬语言所的这项工作。吴先生带领语音组成员，参与这宗嫌疑犯破案工作的成功，也说明吴先生的关于从二维频谱确定共振峰值计算公式的可靠，更说明语言组所做的语音研究成果抓住了语音的本质。方言室熊正辉、侯精一、贺巍、邱大任同志也利用方言研究成果协助公安部门侦破过很多案件。邱大任同志后来还因此调到公安部门工作。

孙国华在电影《反贪局长》（1997 年底放映）里用语图仪（语言所 1965 年进口了语图仪）等设备进行有关语音分析一幕（见图 1），是对语言所用语音技术参加破案工作所做工作的肯定！

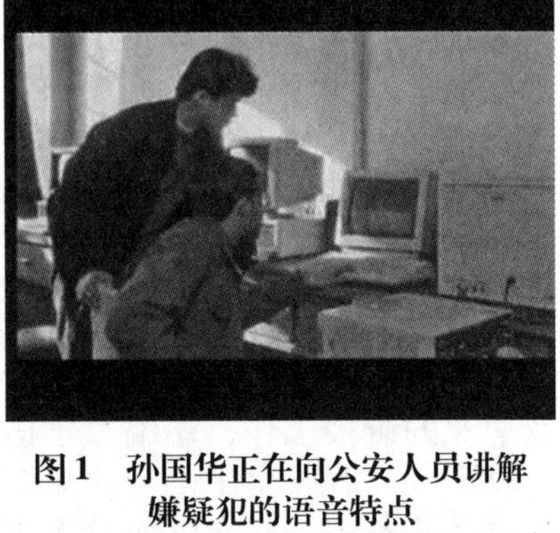

图 1　孙国华正在向公安人员讲解嫌疑犯的语音特点
（此图由祖漪清截自《反贪局长》第九集）

3. 利用声学实验常用的设备研究普通话音段

吴先生既研究音段，又研究语调等超音段，他对语音学贡献是多方面的。这里只谈他研究普通话元音和辅音的贡献。

由于西方的封锁、禁运，我们 20 世纪 50 年代末到 60 年代中无法得到语图仪。吴先生不等不靠，就利用常用的声学仪器，组配成一套频谱分析装置，如图 2 所示。吴先生在丹麦考察时，就设计好这样一套频谱分析装置。录音机上的磁带转完一圈，要正好是 2105 型频率分析仪的频率移动一格，这样才能得到元音和擦音等的正确频谱，为此吴先生做了多次反复的试验。吴先生在丹麦时就预先做好了他自己的几幅元音和擦音等二维谱，用于检查这套装置得到的频谱可靠性。

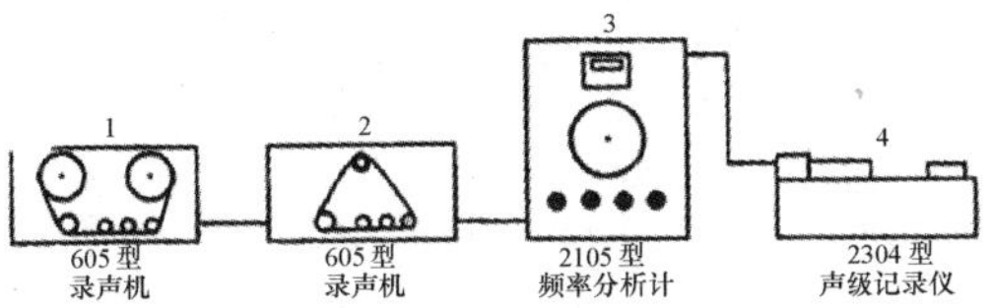

图 2　吴宗济先生设计、使用的一套频谱分析装置

当时没有“切音机”，就用录音机里的消磁头把待分析音节的声母和韵尾，和单元音和擦音等不稳定部分去掉，得到一定长度的稳定声音后才用于分析；录音机的磁带圈在放音时更是常常断裂，忙了一天得不到几张满意的频谱，这种分析的辛苦可想而知！

元音共振峰主要由声腔自然频率决定，与强谐波频率不一定相合。在语音研究中，根据共振峰数据来画“声学元音图”，确定发音部位相近的音，就必须计算出精确的共振峰值。吴先生说，“从二维频谱计算共振峰值的方法，过去文献中也曾提到一些，但都还不太准确。”于是，吴先生提出一套简单的计算公式如下：

$$F = f \pm \Delta f$$

上式中 f 是一组包络中最强谐波频率值，± 号根据 Lf 的左右两边次强谐波的相对强度而定，如图 3 所示，最强的右边谐波高于左边谐波（图 3b），就用 – 号；最强的左边谐波高于右边谐波（图 3a），就用 + 号。

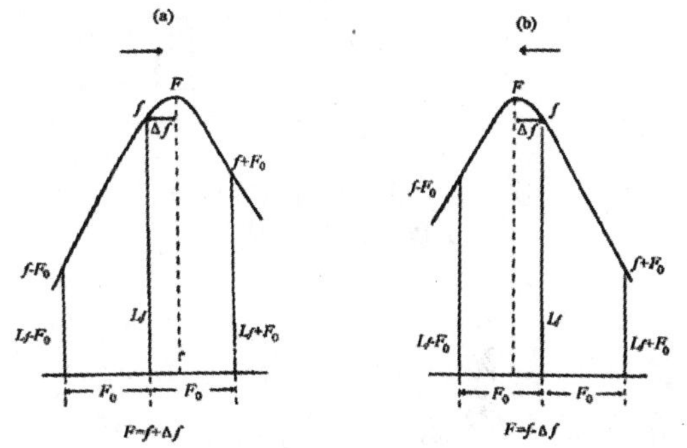

图 3　吴宗济先生提出从强谐波计算共振峰频率值

吴先生还提出计算共振峰振幅的公式和计算带宽的公式［9］。

图 4 是男、女、童各四位所发的普通话 10 个元音的声学位置图，每个元音根据其第一共振峰 F1 和第二共振峰 F2 的两个值来画其坐标位置。从图 4 看到，男、女、童三类元音各自成一元音三角形系统，三个三角图之间仍有彼此相似之处。从三角形面积看，是男组最大，童组最小，这可以反映男、女、童三类人声腔大小的比例。这张声学位置图，跟生理舌位图十分相似。这样的声学位置图在 20 世纪 60 年代初，在新中国第一次诞生，可以说是中国语音研究从口耳之学进到现代语言学的重要标志！在数字计算机上用二项式迭代办法，根据谐波计算共振峰值的一位荷兰学者，看到吴先生 60 年代初用初等数学的三角函数确定了共振峰值，十分佩服！从图 4 这张声学舌位图看到吴先生的聪明睿智，也看到吴先生及其合作者不等不靠、艰苦奋斗的精神，创造条件、辛勤劳作的作风！

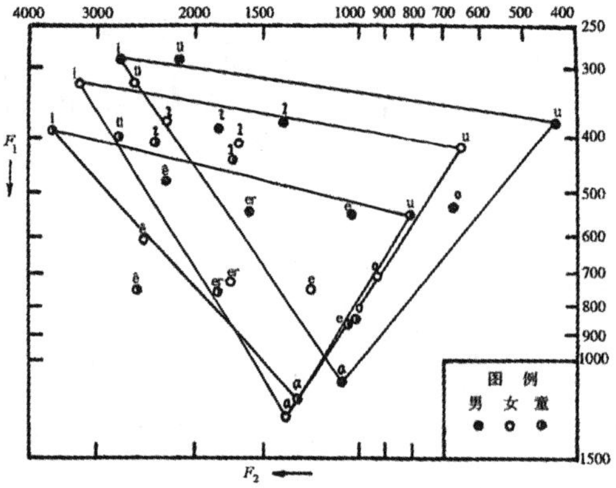

图 4　男、女、童各四位所发普通话 10 个元音的声学位置图

4. 吴先生被选为国际语音科学大会终身常务理事，为我们走进国际语音科学打开了大门

1978 年吴先生收到丹麦哥本哈根大学约恩苏教授邀请，参加了 1979 年在哥本哈根举办的第九届国际语音科学会议，张家騄先生和我同行。吴先生在会上发表的论文是：A preliminary study of distinctive feature in Standard Chinese［10］。这篇论文还先后以“什么叫‘区别特征’”［11］和“试论普通话语音的‘区别特征’及其相互关系”［12］为题，发表于《国外语言学》（1980 年第 1 期）和《中国语文》（1980 年第 5 期）。《试论普通话语音的“区别特征”及其相互关系》一文，编入《吴宗济语言学论文集》［1］。

吴先生强调指出，“考虑汉语的语音特征，不能不把声调的区别特征（也就是调位特征）一并考虑在内。”吴先生认为，把元音、辅音和声调一起考虑，“这在今日的语音分析、合成与识别技术的应用上，是一个十分有利的条件。”因此，吴先生给出了汉语普通话的元音、辅音和声调的三种“区别特征矩阵模型”。“这些特征的二元对立面，除采用通行的区别特征项目外，并酌采中国音韵学上的分类名词和概念。这些特征的实验数据都是出自我们语音组自己的实验结果。”［10，11，12］

吴先生认为，“言语音流中某个特定音位，因为都和它邻近的音位有一定的依存和制约关系，而且它的特征常常要在与邻近音位的特征比较后才能确定。”吴先生还认为，“它们在区别意义时，又是有意识地按词组组合有规律地产生质变。”“这样，在两个极端对立的特征之间，各个偶分单位（N 偶单位）的变化，就有一定的规律可循。”因而，吴先生“以普通话元音、辅音和声调为例，根据它们特征的各个极端的相互关系拟出一套模型。”［10，11，12］吴先生提出的三个区别特征模型是，普通话元音的区别特征模型，普通话辅音的区别特征模型、普通话二字组变调的区别特征模型，如图 5、图 6 和图 7 所示。吴先生的这三种区别特征矩阵模型，运用了中国音韵学等的概念和术语，令与会学者眼前一亮！

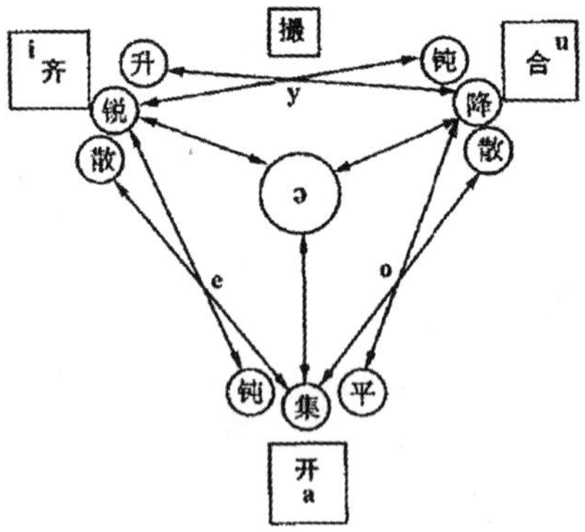

图 5　普通话元音的区别特征模型

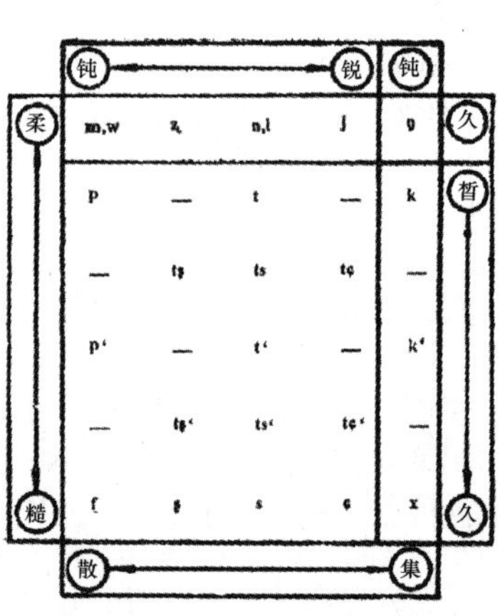

图 6　普通话辅音的区别特征模型

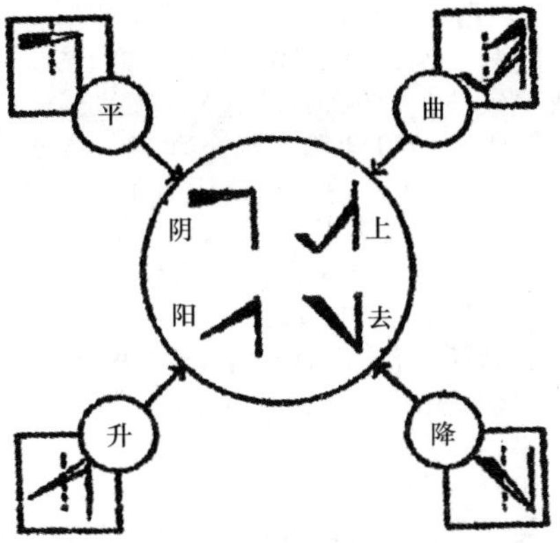

图 7　普通话二字组变调的区别特征模型

捷克科学院院士龙波特尔教授和丹麦哥本哈根大学约恩苏教授二人把吴先生介绍给会议理事会全体成员，他们二位在理事会上推荐吴先生为常务理事会成员。会议主席对吴先生说，“有人曾三次向会议申请为理事，都未通过，而是把名额留给了新中国。”

吴先生为我们打开了走向国际语音科学的大门，我们深深地感谢他！

现在我国的现代语音学水平跟四五十年前比较，从无到有，研究门类齐全，队伍壮大，学术水平大大提高了，今非昔比也！

我们大家都思念吴先生！

我怀念吴先生，我感谢吴先生让我走上语音学大道！我毕业论文题目是《语音基频的自动提取》，这篇论文引起了吴先生的关注。经吴先生提议，罗常培所长请吕叔湘副所长给南京大学物理系主任魏荣爵先生写信，我就分配到了语言研究所。我在声调和语调研究中，一直得到吴先生的悉心指导。吴先生白寿之时，还关心我的边界调研究，吴先生拿着赵元任先生《中国字调和语调》论文［13］（图 8 上方“中研院史语所的集刊 4 本 3 分，1933 年”是吴先生送我这篇文章时写的）对我说：“一个句子的语调中，包含了若干个单字调和几个字组合一起的连续变调，再加上受不同语气的影响而再变的调。”“它一般只影响它的调域，而不影响它的调型。”［14］“同样，不同的语境、语势、目标（target，即一句话的语义侧重点，或叫 nucieus，核心）的条件下，会反过来给予语句中的某些基本单元的原有调型以一定影响，而使其再度变调。”［14］吴先生要求我“把语调音高与声调音高分开”，他说：“这是汉语语调研究不可或缺的工作，是汉语语调研究的核心。”于是，吴先生跟我一起制订了详尽的实验计划，我们两人合作完成了《疑问边界调和陈述边界调与声调关系的实验研究》一文［15］。

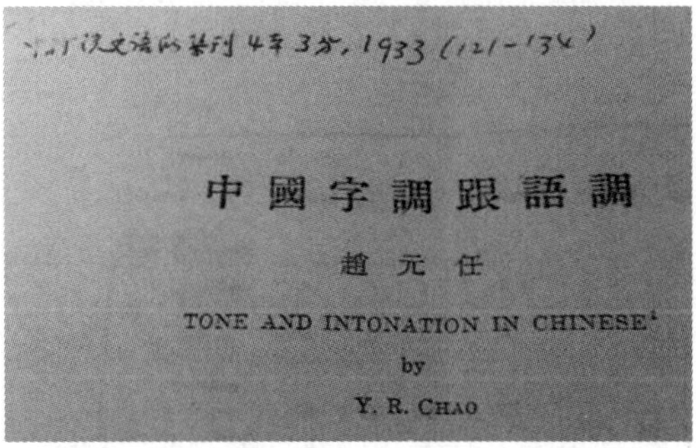
中國字調跟語調

趙元任

TONE AND INTONATION IN CHINESE¹

by

Y. R. CHAO

图 8　吴宗济先生复印的赵元任论文《中国字调和语调》

我们要学习吴先生紧抓语音本质，寻找“语音的最小载讯成分”，服务国家、服务社会的学术思想；学习他在普通话语音特征研究中，把新发展的一种语音分析理论——区别特征理论与中国音韵学有机结合的创新精神；学习他责任心强、雷厉风行、积极向上的工作作风；学习他平易近人、与人为善、和蔼可亲、教人不悔的为人品德。我们更要奋发图强，发挥我国语言在音段和超音段方面的优势，加强发音、声学和大脑等方面创新研究，取得有国际话语权的成果，服务社会，为国出力。

参考文献

［1］《吴宗济语言学论文集》，商务印书馆 2004 年版。

［2］吴宗济：《我的音路历程》，《吴宗济语言学论文集》，商务印书馆 2004 年版，第 576—599 页。

[3] Fant, G. 1958. Modern instruments and methods for acoustic studies of speech. *Proc. of* 8th *International Congress of Linguistics*, Oslo University Press, 282-358.

[4] Fischer-Jørgensen, E. 1958. What can the new techniques of acoustic phonetics contribute to linguistics? *Proc. of* 8th *International Congress of Linguistics*, Oslo University Press, 433-478.

[5] 吴宗济、林茂灿主编:《实验语音学概要》, 高等教育出版社 1989 年版; 又载鲍怀翘、林茂灿主编《实验语音学概要(增订版)》, 北京大学出版社 2014 年版。

[6] Jakobson, R. , Fant, G. & Halle, M. , 1952. *Preliminaries to SpeechAnalysis: the distinctive features and their correlates*, MIT Press.

[7] 沈家煊译:《现代语言学词典》, 商务印书馆 2000 年版。

[8] 罗常培、王均:《普通语音学纲要》, 科学出版社 1957 年版。

[9] 吴宗济:《普通话元音和辅音的频谱分析及共振峰的测算》, 载《声学学报》1 卷 1 期; 《吴宗济语言学论文集》, 商务印书馆 1964 年版, 第 1—14 页。

[10] Wu, Z. 1979. A preliminary study of distinctive feature in Standard Chinese, *Proceeding of the ICPhS*, Vol. 1, 32; 《吴宗济语言学论文集》, 商务印书馆 2004 年版, 第 126—140 页。

[11] 吴宗济:《什么叫"区别特征"》,《国外语言学》1980 年第 1 期, 第 44—46 页。

[12] 吴宗济:《试论普通话语音的"区别特征"及其相互关系》,《中国语文》1980 年第 5 期; 收录于《吴宗济语言学论文集》商务印书馆 2004 年版。

[13] 赵元任:《中国话的字调和语调》, 载《中研院史语所集刊》第四本第三分, 1933 年;《赵元任语言学论文集》, 商务印书馆 2002 年版。

[14] 吴宗济:《汉语普通话语调的基本调型》, 载《王力先生纪念文集》, 商务印书馆 1990 年版; 又载《吴宗济语言学论文集》, 商务印书馆 2004 年版, 第 281、282、283 页。

[15] 林茂灿:《汉语语调实验研究》, 中国社会科学出版社 2012 年版, 第 255—259 页。

林茂灿　中国社会科学院语言研究所, 研究员, 主要研究领域为声学语音学, 感知语言学。
E-mail: 1578390435@qq. com

忆现代语音学宗师吴宗济先生

鲍怀翘

摘　要　本文回顾了语言所语音室开创时期吴宗济先生带领实验室全体成员，独立自主地艰苦创业，设计并完善生理和声学研究的实验设备，开始了普通话语音X光照相和腭位照相以及元音频谱分析研究，为新中国的现代语音实验研究作出了巨大贡献。

关键词　吴宗济；X光照相；腭位照相；声谱分析

Recalling Mr. Wu Zongji, Master of Modern Phonetics

BAO Huaiqiao

Abstract This paper reviews the time when the phonetics lab of the Institute of linguistics was founded. Mr. Wu Zongji had led all the members of the lab to start the arduous and independent work by designing and perfecting the experimental equipments for physiological and acoustic studies, and starting the research on speech sound with radiography, palatography and spectrum analysis. Mr. Wu has made great contributions to the modern phonetic experimental research in New China.

Key words Wu zongji; Radiography; Palatography; Spectrum analysis

吴宗济先生是新中国现代语音学的创导者和实际引路人，他创建了中国第一个语音实验室。在创建初期（1958—1960）亲自搭建了元音声学分析仪器套件，亲自设计和指导了切音机和腭位照相设备，从理论和技术两方面指导和保证了语言所语音实验研究（元音声学分析、X光照相和腭位照相）的开展，使以往的“口耳之学”切实变成了看得见、摸得着、有理论、有数据的“仪器语音学”，即“实验语音学”。并身体力行，架起了中国与世界语音学界交流的桥梁，促进了我国语音科学向世界先进水平看齐，有所创造，有所发展，形成了今天我国语音科学蓬勃发展的局面。

我是1959年4月来到语言所语音研究室（三组）的。我切身体验了吴先生创建实验室、完备实验条件、开展语音实验研究的全过程；也是吴先生手把手将我带进语音实验研究的大门。吴先生对我的亲自传授和指导以及几十年来在学业上的帮助，使我终身受益，没齿难忘。

吴先生了解到我是文科出身，他要求我“逻辑思维多一点，形象思维少一点”，一切以实验为基础、以数据为依据，养成科学思维的习惯。有一次我要用一个大光源来照相，就随手拿来一个100瓦的磨砂玻璃灯泡插到灯头上，瞬间一声爆炸，灯泡炸得粉碎，弄得我手足无措。吴先生从另一房间过来查看了情况，告诉我这是一个美国110伏特灯泡，新中国成立前留下来的。告诉我世界上有两种电源电压：110伏特和220伏特，我国通用220伏特，因此使用美国标准电器时，要注意使用“变压器”来变压。我真真切切地领悟到做语音实验研究，必须要学一点电学知识，不能想当然去使用仪器。由此我吸取了教训，对所有进口设备电源的辨别与使用，成为我一辈子的习惯。

吴先生带我到医院（北大医院门诊部和口腔医学部）放射科拍摄发音的X光片，使我第一次看到了每个语音的发音器官矢状面图像，知道了放射线对人体的危害，因此做此项实验必须要考虑到每个人每年能承受的最大剂量。拍摄元音发音时，在舌面和双唇中线要涂硫酸钡，以增强影像的清晰度；听到发音人发音的稳定瞬间就启动拍摄按钮；而拍摄辅音，要求发音人先发一个音节，体会该音节辅音的舌腭位置，然后舌头抵住上腭的相应部位（不出声），保持持阻状态，就按动拍摄按钮，见图 2。

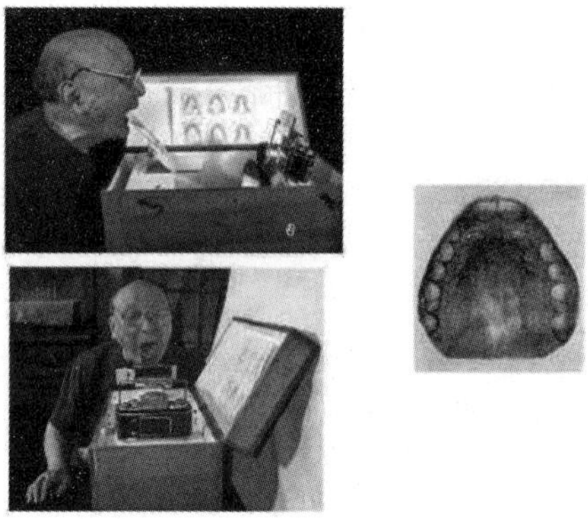

图 1　吴宗济在演示腭位照相

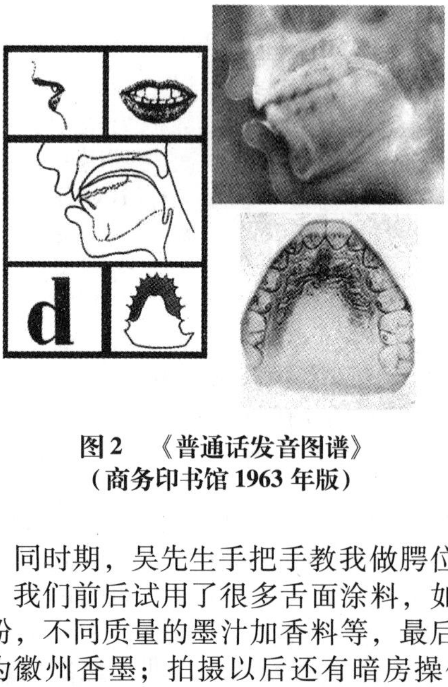

图 2　《普通话发音图谱》
（商务印书馆 1963 年版）

同时期，吴先生手把手教我做腭位照相，我们前后试用了很多舌面涂料，如可可粉，不同质量的墨汁加香料等，最后确定为徽州香墨；拍摄以后还有暗房操作，如显影定影，照片放大等见图 1、图 2。一切定型之后开始了语音实验室前后两年多时间（1959—1961）的普通话 X 光照相和腭位照相实验研究，同时也就开始了我的语音生理知识的学习和实践。我不仅从书本上学习发音器官和喉头的生理解剖，而且参加了整形医院（1961—1962、东交民巷院区）的腭裂手术和友谊医院的声带解剖、喉头手术（1978—1980），因而对整个发音器官有了理性和感性的认识。

这些实践使我进一步认识到静态的生理研究仅仅是语音生理实验的开始，真正要了解语音的生理特性，必须对发音生理进行动态研究。这样的认识为后来进行发音动作 X 光电影（录像）和动态腭位（EPG）研究打下了思想基础。

吴先生带领我走上语音声学分析的道路，这条路对我来说是十分艰难的。第一要学习语音声学分析的理论，当时吴先生给我抱来一摞书，都是英文的，首先要我精读丹麦语言学家 Fisher-Jorgensen E. 发表在第 8 届国际语言学家大会（1958）上的文章《声学语音学新技术对语言学的贡献》。这篇文章总结了语音声学分析的理论和方法，有很强的针对性和指导性，但有很多当时国内第一次碰到的专有名词术语，如 formant、formant pattern、transition、locus、spike、concentrated frequency area 等，每一个都是拦路虎，一个不解决，通篇文章就很难读下去；其次吴先生教我做语音频谱分析。吴先生将两台丹麦 B&K 仪器 2105 外差式频率分析仪和 2107 型声级记录仪，通过一架国产可变速马达（从国产浪纹计拆下来）带动 2105 调谐，巧妙地构成了一套完整的元音频率分析仪（见图 4）。为了分析单音节中的元音和复合元音，吴先生从 1958 年底就开始设计并带领技师（李禹普）自主完成了全机械式磁带切音机研制任务（见图 3、图 4）。

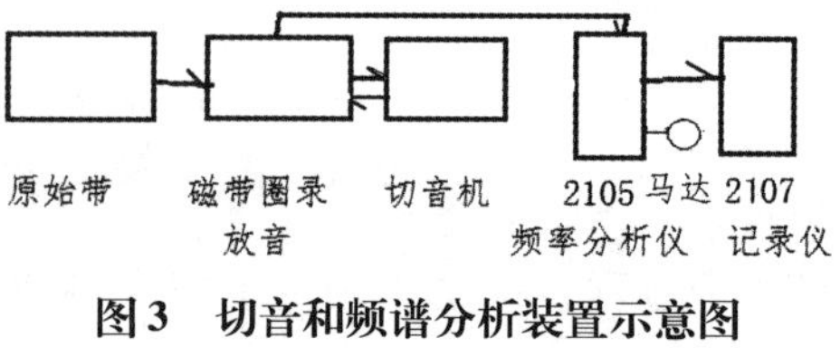

图 3　切音和频谱分析装置示意图

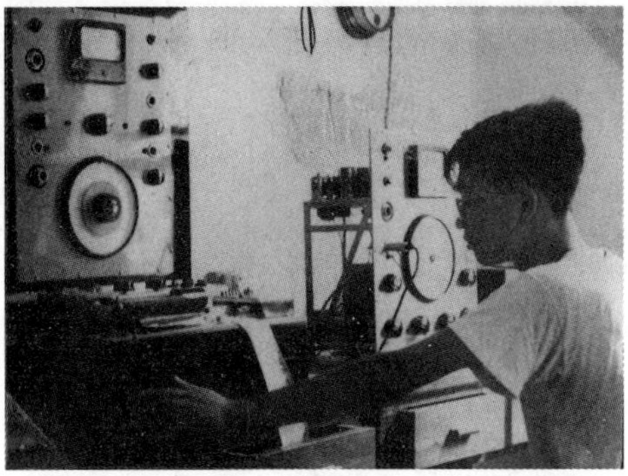

图 4a　作者在用切音频谱分析仪，左边是 2107 记录仪，右边是 2105 马达频率分析仪

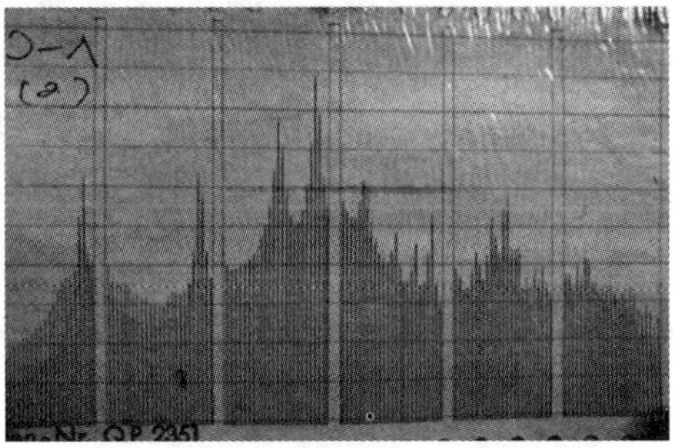

图 4b　元音频谱图（100—6400Hz，对数排列）

我在这套设备上花两年功夫完成了 30 人（老、中、儿童各 10 人，男、女各半）单元音和一个人的全部普通话音节中的复合元音分析，分别计算了头两个共振峰（F1、F2），绘制了单元音及各个韵中主要元音的声学元音图（杨力立同志负责绘图）。

这里特别要提一句的是在边分析边阅读 Fisher-Jorgensen 的文章时所有碰到的难题，不论是名词译文还是它们的含义，都是由吴先生来解决的，其中最有名的是“formant”译名为“共振峰”。我们知道了 formant 是元音和所有浊辅音的基本声学特征，由声带振动激励口腔共振形成，但要从我们得到的元音频谱图（见图 4b）上分辨并计算各个共振峰数据是一道难题。原以为几个最强谐波峰就是共振峰，但画在声学元音图上就出现［i］和［ɪ］在同一高度上，这说明最强谐波峰不是共振峰。但共振峰在哪里？吴先生后来查阅了 Joos, M. （1948），声学语音学（Language 24 （suppl. 2）），其中有一张图说明了最强峰与共振峰（包络峰）的关系，包络峰巅位置就是共振峰（见图 5）。由此吴先生几经琢磨提出了由一组谐波峰计算共振峰的公式，于是这道坎越过去了，共振峰计算得以顺利进行。（见吴宗济、林茂灿主编：《实验语音学概要》，1989，p. 87）

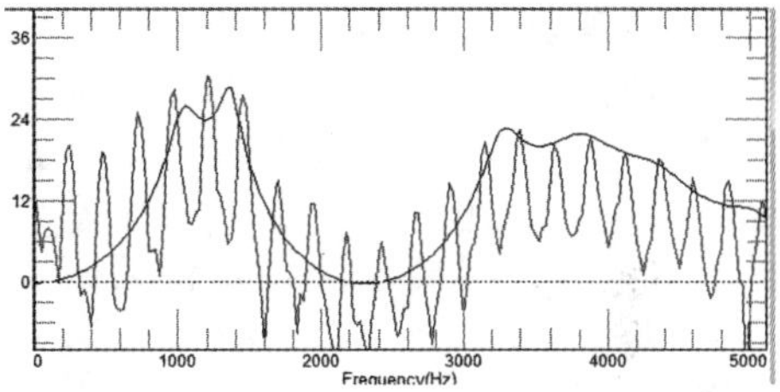

图 5　/a/谱，尖峰为谐波峰，尖峰上线条为包络峰（kay CSL 版）

元音声学分析工作（包括切音）是一种麻烦的重复劳动，从 1960 年开始到 1963 年全部完成，足足花了两年多（其中 8 个月下乡劳动）的时间。现在回想起来这两年的“冷板凳”是值得的，收益是大大的。其一，学会了“辨音”，知道了语音在连续语流中是“你中有我、我中有你”，不是彼此独立的，即使辅—元之间也是互相叠接的，这就是语音的“协同发音”现象。在切音中还发现有趣的现象，如将/ si /从头逐渐往后切，你将会相继听成/ci/和/zi/。这就是在 Fisher-Jorgensen 的文章中提到，塞音的 spike（译为“充值条”）起到听感上的“爆破”作用，而切音替代了“充值条”（振幅陡升）；其二，在声学分析中，使用的是“滤波器”，因此必须对滤波器的原理有充分的认识，如高通、低带通、带阻，以及 1/3 倍频程（$\sqrt[3]{2}$）、1/12 倍频程（$\sqrt[12]{2}$）等，而中心频率与滤波器宽度的关系在分析中尤为重要。切得短了，得到的图谱就没有了明显的“峰”，这是因为滤波器响应需要一定时间，信号时程短了，满足不了滤波器响应时间，那么切音这个步骤必须重来，但对像/ cui /类音节中的/u/就很难满足这个要求，切来切去，最后往往白费工夫。

吴先生让我阅读的书中还有一本 Chiba and Kajiyama（1942），元音，它的特性和结构（照片放大版）。这本书出版年份很早，但讲述的是由声道计算声学特性，虽然我看不太懂，但知道了从发音生理到声学结果的道路是可以走的。后来吴先生又给我找来 Fant 的《语音产生的声学理论》(1960)，这是一本很有名的书，具体论述声道共鸣理论（双管共鸣和三管共鸣)，以及计算俄语六个元音声道（X 光片）的共鸣特性。后来这本书我带到了河南息县劳动干校，直至搬到明港军营后才有机会看完。由此坚定了我从元音 X 光片所显示的声道矢状面来计算元音共振峰的信念。

1978 年语音室进口了一台美国 VARIN 620/L-100 超微型机（内存只有 16K，无外存)，我采用 Fant 的阻抗相移法用 FORTRAN 语言编程，计算了普通话七个单元音声道的共振频率，实现了我多年的愿望，也是我们语音研究室从 20 世纪 60 年代开始的语音生理和声学研究的延续。这项研究说明我们早期拍摄的 X 光片和我们的声学分析所得到的共振峰数据是真实的、有效的和可靠的。

语音的本质是动态的，所以只能从语流中去揭示语音的真实属性。80 年代初期我和杨力立等同志在 301 医院放射科协助下拍摄了发音器官 X 光动态电影和录像，实现了发音器官动起来的愿望。1998 年开始我在郑玉玲、陈嘉猷同志帮助下开始了普通话动态腭位（EPG）研究。可以说这些研究都是吴先生开创的语音生理和声学研究的继续。

1983 年我拍摄并出版了《普通话 X 光发音动作录像带》，但只有专业人士看得懂。为了真正发挥 X 光录像带在语音研究或教学中的作用，必须将全部音节的轮廓线描绘出来，使之成为一部发音动作真实的动画片，只有实现了这一步，后续的研究才能进行。现在，北京大学中文系孔江平老师带领他的研究生团队，花了好几年的时间，终于将这部只能看不能用的 X 光录像片 270 多音节逐帧描迹出发音动作的轮廓线，既可逐个音节放映，也可逐帧观看。这些年来孔老师指导他多位博士利用这些材料，在语音动态研究、语音产生模型方面做出了很优秀的成绩，对此我感谢他们，由于他们的努力，终于实现了我多年的梦想。

我 1986 年调到民族所做少数民族语言的语音实验研究后，第一个自然科学基金项目“藏语语音分析与合成”（1989）的分析数据最后制成“藏语语音声学参数数据库”，就是采用了吴先生在《实验语音学概要》辅音那章的做法，将辅音数据单列成数据表。我们的数据表以词为单位，再分音节，如 CVC 结构的音节，就将 C、V、C 三个音素分列三行，每行安排的是声学数据。如此不仅可以将 CVC 之间的声学数据互相联系起来，而且在一个词内也可将音节间的关系做到互相连接。民族所语音研究室已完成了十多种民族语言语音声学参数数据库，既有人数众多民族语言（蒙、维、藏)，也有人数稀少的濒危语言。利用这个大数据库，既可研究特定语言的语音问题，也可搜索所有语言特定音素进行比较研究。

吴先生的智慧是多方面的。1975 年整个学部恢复工作后，语言所搬到原地质学院主楼上班。语音室当时的首要任务是修建较为正式的录音、审音室，吴先生领受了这项任务。他参照广播电台播音室的方案，但改进了录音室声学指标：隔音指标 40dB，混响指标 0. 3 秒；审音室的混响为 1 秒。他先画了个草图，详细向工人师傅（一个老工人，一个年轻帮手）讲解施工方案；又通过院计财处到房山燕山化工厂购买了一卡车蛭石砖、矿渣棉和玻璃纤维。吴先生和我们室内同事一道乘卡车去运回来。在施工中最麻烦的是要将玻璃纤维分装成小袋充填到四周木框里，由于玻璃纤维有毒，不能进入人的呼吸系统，接触皮肤也会奇痒难忍。因此我们购置了几套防护面罩及手套，自己动手加工玻璃纤维袋。1976 年 4—5 月全部完工后（包括铺设各种信号电缆线、对讲器、录音机和丹麦话筒等)，吴先生自己利用 B&K 声级计及示波器测量录音室和审音室的声学指标，基本达到要求。下半年使用新的录音审音室实施了骨导清晰度测量研究，证明自主建成的录音审音室性能良好。

吴先生平易近人，特别对我和林茂灿两个年轻人很关照。记得1960年春节第一天，吴先生带我们俩逛厂甸，这是北京有历史传统的一年一度庙会，并请我们品尝老北京传统美食豆汁和焦圈。北京的豆汁令我们两个南方人印象深刻，从此听到“豆汁”两字就退避三舍，敬而远之。

三年困难时期，日子过得很艰难。有一次吴先生叫上我和林茂灿同志一起到南池子的欧美同学会“改善生活”（他每个月有一定数量的餐券），吃到了白米饭和白面馒头，又加上红烧肉和炒鸡蛋，真正体会到红烧肉的滋味是如此的美妙。

吴先生的一生可以概括为“心胸开阔，处世豁达，不断创新，有教无类”。在“文化大革命”中，他白天挨批斗，晚上就会喝点小酒解愁，星期天也会独自骑自行车到颐和园甚至香山“欣赏美景”。在干校他当了一名木工，使锯开刨样样能上手。后来回到北京，在很困难情况下自己动手做书架、修凳子，使本来很难的日子过得尽量舒适，这就是他的性格。

吴宗济先生是我学术道路的引路人，在我的研究生涯中，基本遵循着吴先生开辟的语音生理、声学研究道路。值此纪念吴宗济先生110华诞之际，再次由衷地感谢他对我的教诲和指导。

鲍怀翘 中国语言学会语音学分会会员，中国社会科学院民族学与人类学研究所研究员。研究领域为语音学。
E-mail：hqbao@163. com

口述百年人生[①]

崔枢华

下面谈一谈最近跟比我年轻的朋友合作口述史的情况。

这件事情大约经历了这样一个过程：一开始是我写了几篇回忆性的文章，被有心的朋友看到，邀请我写回忆录，再到后来变成与人合作口述史。具体经过如下。

我本来没有想自己弄口述历史。我并不觉得自己有什么了不起，身上没有什么值得特别宣扬的东西。我只是在一些地方写了几篇回忆性的文章，比如《我对史语所的回忆》等，可能是这几篇文章引起了一些朋友的注意吧，2008 年 1 月下旬，收到了南京大学鲁国尧教授的一封信，郑重地提出了请我为他们的一个刊物写回忆录的事情。

我和鲁君的专业研究方向并不完全相同，本来并不十分相熟。但对于他这位知名学者，我还是有所了解的。除了知道他是南京大学的教授之外，还知道他是中国音韵学会会长，毕业于北京大学中文系，是王力、周祖谟等先生的高足，多年来，除了在讲台上传道授业之外，笔耕不辍，著述既丰且精，是一位在学术上颇能高瞻远瞩的学者。近些年来，鲁君尤其关注历史特别是学术史的研究。我的几篇回忆文章，想必在鲁君看来有些史料价值，因此受到他的关注。

鲁君在来信中告诉我说，他们现在编了一种“以书代刊”的刊物，名叫《南大语言学》，性质跟北大的《语言学论丛》类似，每年一本，25 万字。鲁君说：“此刊的特色是除了发学术论文外，还发回忆录、散文、杂文。”鲁君十分诚恳地说：“请先生写系统的回忆录，三五万字都可以，甚至六七万字也行，我们一定发。请您从您的家世、童年、少年、青年、中老年写到现在，并展望期颐之后的工作、生活。”鲁君鼓励我说：“您的回忆录对中国语言学史必是大贡献，而且也是对中国学术史、文化史、社会史的重大贡献。”[②]

我知道这些都是他的肺腑之言，他是真心实意地希望我这样的老年学人能写一部回忆录，给今后的人们留下些有用处的史料。回想自己的百年人生，自己所经历过的各种事情，感觉其中也确实有些值得总结、值得一谈的东西。把这些东西写出来，从某种意义上说，不仅是我个人的事情，更是我们这些亲历者的历史责任。但想到自己毕竟已经是百岁老人，身体又不是很好，顿生一种“老骥伏枥”的感觉，虽有千里之志，一怕力不从心，二怕时不我与。我答应他写些东西，但写些什么？怎样写？一时还确定不了。

他本来想亲自做帮助我写回忆录的事，2 月初，他来信说：“您写好一篇，就发给我，我愿意做您的第一个读者，也做编辑。您随时写，随时发给我。”他告诉我：“我们的《南大语言学》每年八月截稿，编好交商务（印书馆）出版。”他建议我：等《南大语言学》发表了，“再总结、修改、补充，成一本书，出版”。他诚心诚意地表示：“我愿意做您的读者、

---

① 这是《我的百年人生——吴宗济口述历史》末一章中的部分内容。

② 2008 年 1 月 20 日，鲁国尧致吴宗济。

编辑、助手。”①

我因为三四月以来肠胃一直不好。到后来，便中带血，尤其糟糕的是几乎不受控制。多次到医院检查治疗，4月，住进中日友好医院，完全顾不上写东西。事实上当时我的病已确诊为直肠癌晚期，但家里人没告诉我，瞒着我，过了几个月之后我才知道。他们担心我知道真相后会承受不了。其实我都活了快一百岁了，什么事情没经历过？按我的体格，活到这个年纪已经是大大超乎我的预期了，我早就觉得死没有什么可怕了。我现在呼吸、心脏、头脑都没有问题，除了大便有时候有些麻烦，感觉跟好人没什么不同。所以我当时觉得有鲁君他们的帮助，把过去经历过的事情写一写，集腋成裘，最终写成回忆录并不是不可能的事。在我知道自己的病情之前是这样想的，在得知了病情之后，也还是这样想。

在此期间，我又收到了鲁君的两封信，一是询问我写回忆录的情况，二是把他最近写的一篇关于音系学的论文寄给我，向我“请教”。6月20日，我给他回了一封信，解释了没有及时回信的原因，请他谅解；也把我对写回忆录的想法跟他谈了谈。我告诉他，我最近看了钱穆的《八十回忆》②，觉得有可借鉴之处。他或以人为题、或以事为题，而多所发挥，不限编年，这样就比写流水账好。我说：“我前几年自恃身体尚足驰驱，还累积了些研究题材待写，但终属年事已高，这次又因病住院，是个警告。但精神饮食还如常，写点回忆，亦‘素所愿也’。我可以先就记忆清楚的、或有关史实的、或引人入胜的，内容不计先后，题目随写随寄。如天假以年，集腋或可成裘，这就‘非敢望也’了。”③

此后我们又有过几次通信。鲁君的每一次来信，差不多都是对我的督促和鼓励。可惜我自感精力大不如前，一直没有像样的文字交卷。7月下旬，接到鲁君转来的一篇文章——《两位长沙杨姓学者的一段轇轕》，文中说到20世纪50年代杨遇夫（树达）和杨国荣两先生之间的一段往事，我读过以后，联想到我在清华读书时的情形，谈了点想法，回信给他。

没想到很快收到鲁君来信，鲁君说：“先生赐函言及遇夫先生轶事，此乃今版《老学庵笔记》也。学生之意，此即先生回忆录之一页也。学生斗胆作技术处理，成一文，奉上，乞先生润改，赐下……”④ 并告诉我他们打算把它当作那篇文章的《跋语》，先发表出来，以后可以作为回忆录里的一篇。

这是我和他们的第一次合作，让我感到鲁君和他的同事们对我的经历确实有浓厚的兴趣，对我个人也给予了真诚的尊重。

9月25日，鲁君来了一封信，问我的回忆录是否有已经写成的篇章，是不是可以先给他们；12月底，鲁君又来信，问回忆录写了多少，能不能先给他们几篇，告诉我《南大语言学》第四编，当时正在编辑中，盼着我有文章给他们。态度积极，言辞恳切，令人感动。

刚好2009年1月初，我在报上看到有纪念中美建交30周年的新闻，让我想起了1988年我在康州大学访学时的一段往事，于是把在大西洋城参观美国前总统卡特纪念馆时的所见所闻写成了一篇小文，即《中美建交的历史照片》寄给了他们。这显然距离系统地写回忆录还差得很远。

正是这年年初，事情有了转变。1月上中旬，我接连收到鲁君三四封信，他建议我采用口述史的方式，“老人口述，由后生记音笔录，整理成书。”并说：如果我同意采取口述史的办法，他已物色好一位合适的记录者兼整理者⑤。

想想写回忆录的事提出来已有一年之久，并没有取得实质性的进展；加上当时我知道了自己的病情，知道靠自己的力量

① 2008年2月5日，鲁国尧致吴宗济。

② 按：应指钱穆《八十忆双亲·师友杂忆》一书。

③ 2008年6月20日，吴宗济致鲁国尧。

④ 鲁国尧2008年8月3日和8月10日致吴宗济。

⑤ 2009年1月9日，鲁国尧致吴宗济。

完成回忆录的写作已不大现实，这时鲁君提出新的方法，可以说正中下怀。但他推荐的合作者是谁？我们之间能不能愉快合作？心里并不踏实。

鲁君说，合适的合作者很难找，他的为人、专业方向、年龄、是否在职甚至性别都要考虑。最后他郑重地向我推荐的是北师大的崔枢华君。他告诉我，崔君是北师大的教授，刚退休，是俞敏先生的学生，搞音韵训诂的，有专著、论文若干；并说他们结交有十多年了，他为人诚朴，为学认真等。最后说："所以我认为，这样的合作者是非常合适的、理想的，故斗胆向吾师推荐。"①

鲁君建议让崔君到我家来，先跟我见一见，看是不是认可；又建议我们采取先将全部内容口述并录音，然后再整理成文的方式做，以便双方对全局、全貌有一个整体框架。鲁君最后说，如果我同意他的想法，就把电话和地址告诉他，他通知崔君到我家里来。

于是，1月14日，在收到鲁君信的当天，我给鲁君回了一封信，把家庭电话、住址，甚至住处地理位置的特征等都详细地告诉了他。很快接到崔君电话，我们商定春节前先见一面，以后的事情等过了年再说。就这样我和崔君之间建立了联系。

1月20日下午，崔君第一次来到我在潘家园附近的寒舍。那天是旧历腊月二十五，大寒天气。我给他准备了《吴宗济语言论文集》，还有一些跟我的生平有关的资料；他也给我带来两本书，一本是《标点注音说文解字》，一本是《周易注》②，是供大学生随身读的简易注本。我当即表示，治《说文》要下苦功，我没下过大功夫；又说，小时候私塾先生教我们念"四书五经"，但《周易》老师没有教过，后来虽有所接触，但没认真读过。

那天主要是我说，简单谈了我的家世，和一些主要经历。崔君话不多，但感觉得到对我这样老人的尊重，给我的直接印象跟鲁君介绍得差不多。我感觉跟这样的人合作是可以放心的。和崔君谈起鲁国尧君，才知道鲁君是他的一位老师，是继俞敏先生之后帮助他完成博士学业的一位导师。看得出来崔君对他的这位老师非常尊重，非常信任；同时感觉到他对我谈的事情也是蛮有兴趣的。于是我们商定春节过后，正月十一（2月5日），崔君再来我家，正式录音采访。

那天上午九时许，崔君如约来到我家。崔君家住朝阳区林萃桥附近，那地方已接近北五环了，离我家很不近，差不多有30公里。还好，崔君自己有一辆小轿车，可以自己驾车来。即使是这样，从他家到我家，也要开差不多一个小时。顺便说一下，从那天以后，我和崔君基本上是每周见一次，每次差不多都要谈两个小时左右。如果遇到什么特殊情况，不能按原计划见面，我们都会事先给对方打电话或发E-mail，商量办法，适当调整。

如果是自己动笔写回忆录，你总要把它写成个像样的东西，总免不了谋篇布局、字斟句酌的一番功夫。我现在要做的，就是按照大致的计划叙说，把自己记得的事情和自己的真实想法，原原本本地说出来；即使有些事情说的时候记不清楚了，甚至想不起来了，也没有关系，以后什么时候想清楚、记起来，再补充更正。因为有人在旁边录音、笔录，最后加工整理成文，这让我感到轻松不少，思想上很放松，因此谈得很顺畅。

这第一次访谈，我主要谈了我的身世，我的父亲、家庭，我所经历过的一两件特别值得谈的事情；除此之外，着重谈了我对做口述史的想法："但使文章能寿世，不求闻达以骄人"，即只是想让我们写的东西能给世人带来点益处，并不是追求自己出名，不是为了向别人炫耀。这是我做口述史的基本想法，也应该是我们合作的基础。我把这两句话抄在一张纸上，交给了崔君。

很快，我收到了崔君的一封信，正面回应了我的想法。

崔君信里说："吴先生所说'但使文章能寿世，不求闻达以骄人'，这也是我

---

① 2009年1月14日，鲁国尧致吴宗济。

② 《周易》，崔枢华注，高等教育出版社2008年版。

的愿望。我也觉得口述史重点是‘史’，要为后人留下点儿您所经历过的真的事件，真的感受、真的思想、真的经验、真的教训、真的历史侧面。只有真，才可能对今天的人、对今后的人真有点儿用处。因此我们的东西当以‘信实’为第一，无论是讲述的人还是撰写的人，都要坚持这一原则。”① 在对为什么要做“口述史”这件事上能取得共识，让我对后边的事情有了信心。

崔君在信中还告诉我，他最初做这件事，是奉了他的导师鲁国尧先生之命。他自己退休之后，本来不想再做什么大事，只想凭自己的兴趣，在自己的专业方面干点力所能及的事情。关于做口述史，他说：“我想别人做类似的工作，大多与所写的人有十几年甚至几十年接触的历史，对被写的人的经历、思想、性格、学术等都有相当全面、深入的了解；而我对吴先生的了解，只是非常表面地知道吴先生是一位在实验语音学方面很有成就的学者，是位年近百岁的老人。人贵有自知之明，自忖几乎完全不具备完成这一任务的条件。”② 崔君又说，他后来愿意做这件事，除了师命难违之外，还因为我借给他拿去复印的材料，包括“文化大革命”中写的一些交代材料，“更让我感到您对我的崇高信任”；崔君说，我们这两次直接接触中我给他的印象不错，他听我述说过去那些事情，让他“想起当年从殷、萧、俞等诸师问学时的情形，如坐春风之中。”③

崔君的来信我反复看了几遍，感觉崔君已从心里接受了这项工作，我们之间的磨合已有明显进展，因此我也给他回了一封信。

我在信里告诉他：“我与君交虽不久，已感相见恨晚。今后无论是在文字上、或学问上，都有许多默契，反觉写传已居其次了。我因年龄和健康之限度，目前虽脑力尚可运作，但百岁之身，在人类统计已属于‘倒计时’之列。倘能在一两年内完成此业，已是奢望。故您千万不必因此成为负担，幸甚！”④

我又跟他说：“近日看了些别人的传记，使我有点具体的想法。有人是把当时的事迹和思想并重，而且发挥得太多，以及把别人的事也扯了一大堆，我觉得这样写，以我百年的经历，就写三年都成不了。我自思我的特点是，由于身世及遭遇，在脱离学界，干了多种不同性质的行业，又加多次生死关头的考验和义利之间的取舍，我大都是以‘平常心’来应付，而苟免予难了。这些经历，如果不是幼年的家庭教育和读圣贤书，是不能做到的。”⑤

我还告诉他：“我从1956年由中研院语言所罗常培所长调我来京，定职5级副研。后来由于种种干扰，40年未升一级，到今日这个地位，是彻底平反了。这是出我意料的。因此以前的遭败不馁，现在的遇胜不骄，我都有了切身体会。这些经历和当时的思想活动，倒也是有话可说的。”⑥

很快又收到崔君的回复。他说，经过这一段时间的磨合，我们之间已有了较多的默契，我的很多看法都和他一致，我对我自身的认识也和他对我的观察了解一致。他说：“我认为写您的口述史，就要写出真实的您，写出您的真实经历、真实思想、真实感情、真实品质、真实信仰、真实见解，甚至真实的遗憾。只要真，就有价值；也只有真，才有真正的价值。我觉得从您身上能够看到一种人生的大智慧，如果能把它挖掘出来，相信对于今天的人，特别是年轻人将是十分宝贵的财富。”⑦

这几次通信，让我和崔君之间多了很多互相了解、互相信任，不仅对如何做这件事情取得了很多共识，同时也极大地增强了我们做成这件事的信心。

---

① 2009年2月7日，崔枢华致吴宗济。

② 同上。

③ 同上信。几位老师是殷石臞（孟伦）、萧仲珪（璋）、俞叔迟（敏）三位业师，除道德文章足为我师外，年龄也跟吴先生相仿佛。

④ 2009年2月29日，吴宗济致崔枢华。

⑤ 同上。

⑥ 同上。

⑦ 2009年3月2日，崔枢华致吴宗济。

此后我们所做的事情，基本上就是崔君差不多每周到我家一次，每次采访两个小时左右。我平时在家认真回忆，尽量把过去经历过的事情和自己当时的想法梳理清楚，理出头绪，再利用互联网，找些有参考价值的资料，待崔君来的时候说给他听。崔君每次都认真录音，同时笔记重点，偶尔插话，问些没听清或不大熟悉的人名、地名以及其他不太明白的问题。

除了每周一次的采访之外，我们也常常通过E-mail交流一些想法，比如崔君希望我能多回忆些事情的细节，说这样的东西容易引起读者的兴趣，容易给人留下深刻印象；看到我对新中国成立之后，特别是“文化大革命”期间一些事情的回忆，在时间上常常记不清楚，特意针对1957—1976年大事和当时跟这些事情有关的名词、口号等整理了一个东西，发给了我。他整理的口述史编写大纲和已完成的部分内容的初稿，也通过E-mail发给我，征求我的意见。他主张这类文字要坚持“先史后文”的原则，即在保证真实性的基础上，也要有一定的可读性。我对此自然赞同，只是多年从事枯燥的研究工作，离开文学渲染越来越远，用写小说散文的标准要求的话，恐怕是要让人失望了。由于从内容安排到具体写法，我和崔君之间都充分交流了意见，因此对我们即将完成的口述史的特点，大家都做到心中有数。

这种访谈活动坚持了一年多的时间，交流的范围慢慢地就不限于对我过去经历的述说，有时也会讨论些别的事情。比如崔君知道我写旧体诗，有一次也把他的几首诗作发给我。读了之后，知道他喜欢写旧体诗，反复读了几遍，发现不但每一首都是中规中矩的格律诗，而且有一定功力，看到现在像他这个年龄的人，还有人愿意写这种诗，非常高兴，因此给他回了一封信，称赞他：“大作拜读者再，用典无痕，掷地有声。”① 虽有鼓励的意思，说的确实也是真心话。

我的诗作发给崔君征求意见，有时也得到他的评论，他来信说：“先生以诗词大家，问于不学，令人惶悚。虽然，‘为人谋而不忠乎?’先贤之三省其身者，而华又生性直拙，故谨陈愚见……”② 接着对我的诗提出几条相当中肯的意见，我很高兴，当即给他回了信，我说：“古称益者三友，‘直、谅、多闻’，足下有焉。窃思数十年来，颇有乘兴之作，而从无一人作公允之平章。今日得与足下论诗，得一诗友，实为毕生之福……”③ 又针对原诗“翘首望西陲，同把新秋酿”句反复讨论，最后确定为“举杯望西陲，同饮新秋酿”，得此佳句，我很开心，给崔君写信告诉他：“前诗末句索韵时，系偶得此‘酿’字，遂使全盘皆活。可谓‘文章岂天成，运来偶得之。’”④

类似这样的文字往来，还有一些，都让我心情大好。我不止一次对崔君说：“鲁先生派您跟我一起做这件事，让我经常有一个好心情，这对我来说，比吃什么灵丹妙药都好。真要谢谢您二位!”

在访谈和写作过程中，还有两件事值得特别说一说。一件事是鲁国尧君到我家里来访问，另一件事是我到崔君家里做客。

鲁君来我家是2009年5月16日上午。此前一天，崔君打电话告诉我，说鲁先生来北京参加一个什么基金的评审工作，想利用会前的时间到我家里来“拜望”。我当即表示欢迎。我和鲁君过去虽然可能在什么场合见过面，但说实话，他的模样在我头脑里一点儿印象都没有。最近笔墨来往那么多，真想见一见这位先生。

那天上午八九点钟，鲁君刚到北京，就被崔君接到了我家。见到鲁君，感觉除了年龄比我想象的要年轻得多之外，他简直就是一位久违了的故人。我们在一起，主要是讨论了口述史的事情，我和崔君介绍，鲁君提些问题和建议，大家各抒己见，畅所欲言。我们在一起还拍了不少照片，利用不同的背景合影。这次见面给我的感受是相见甚欢，遗憾的是鲁君还要赶

① 2009年2月24日，吴宗济致崔枢华。

② 2009年6月5日，崔枢华致吴宗济。

③ 同上。

④ 2009年6月10日，吴宗济致崔枢华。

去京西宾馆报到，未能尽兴。

事后听崔君说，鲁君的夫人在他出发来北京前两天，突然被自行车撞伤，所幸伤势不太重，才没有耽搁这次行程。虽然如此，因为要照顾老伴儿，也搞得他非常疲累。唉，像他这样的著名学者，负担真是不轻呀！

鲁君这次来访，正当口述史撰写工作初步走上正轨的时候，因此我们这三位跟这项工作有直接关系的人这一次聚会，对后面的工作有重要影响。

6月下旬，崔君邀我去他家。说实话，每次都是崔君到我家里来，无论从道理上说，还是从礼数上说，我都该到他府上去回访了。不但如此，我对崔君，对他们这些人的生活工作环境，充满了好奇，有个机会到他家里看一看，增进相互了解，也正合乎我的愿望。当然，我也顾虑这么大年纪的人到别人家里，会给人家增添麻烦。我把这个意思跟崔君说了，他说像我这样的百岁人瑞能光临他家，是让他家蓬荜生辉。这样，我们这次活动就确定下来了。

我到崔君家里做客是在7月2日。那天还是和往常差不多时间，上午九点钟左右，崔君驾车来到我家，来接上我和阿姨小胡。崔君驾的是一辆银灰色的本田飞度车，车很新，冲洗得干干净净。车走二环路，一路走，一路聊天。从罗先生通过张世禄、吴文祺先生找到我，聊到我家老太爷请萧龙友先生看病，再聊到沿途的景物建筑……

崔君家离我家真不近，从二环路到德胜门，路上十分拥堵，汽车好像是在爬行。不过这样也好，可以慢慢欣赏路边的景物。上了八达岭高速路后，路况好了很多。又往北走了不少路，下了高速路，先拐到大屯路，再拐上林萃路，走不多远，看到左侧一片相当气派的红色的高楼，崔君说，这就是他们的小区京师园。崔君告诉我，这是新开发的一个住宅小区，建筑和设施都比较新，2005年才交工，他们也是这一年搬过来的。车子开进地下车库，拐来拐去，终于停在了一处。下车之后上了几级台阶，乘坐电梯，直接到了崔君家门口。

崔君夫人也是位老师，在中学教数学，也退休了，见到我们，也是热情迎接。

到他家后，参观了他们的居室，那是一套三室一厅两卫的住宅，将近130平方米，装修得朴素大方；客厅有三四十平方米，一端是推拉门的落地窗，宽敞明亮；两间卧室，一个书房，都有宽宽的飘窗；厨房、卫生间一应俱全，是现今比较新式的住宅。装修得也很得体，大方、实用，令人感觉舒适。和他们的住处相比，我在潘家园的80多平方米的住宅不但明显窄小，而且样式也显得老旧了。现在的老师能有这样的住房条件，可见这些年来国家进步不小，百姓生活确实比过去富裕了。

正是喝上午茶的时间，我们泡了茶，边喝边聊，因为不是“采访”，谈得很随便，天南地北，几乎无所不谈。我们谈起我跟上官云相、刘攻芸他们在一起时的旧事。我告诉他，我最近从网上查上官云相的材料，有些说法和我所知道的实际情况有些不同。网上说他去了台湾，实际上他走的时候，是我亲自送的他，去了香港，新中国成立后我去香港，还见到他夫人。谈到诗歌押韵和声调的关系，从《诗经》说到现代儿歌；从烧水谈到物理学中的热交换、比热，谈到在清华读书时教化学的张子高先生，谈到张先生是著名古墨收藏家，又联想到叶公绰、张䌹伯、尹润生几位古墨收藏大家，谈到我家老太爷收藏的笔、墨、砚 谈得非常尽兴。

午饭吃的是饺子，崔夫人还准备了几个菜。说是家常菜，也是用了心的。边吃边聊，想到哪，聊到哪，没有主题，轻松愉快。虽然如此，在这种漫无目的的闲聊中，也增进了相互间的了解和信任。这次到他家去访问，于我，于他，于我们一起做的口述史的事情都是很有意义的。

跟崔君一起谈口述史的事情，本来以为用上两三个月，谈个十几次也就差不多了，但真正做起来，跟原来想的有很大的不同。从我这一方面说，因为年纪大了，事情过去得太久了，很多事一时想不清楚、想不全面，所以不得不经过多次补充，不得不花更多的时间。从崔君一方面说，因为他跟我在年龄上差了三十五六岁，很多我亲身经历的事情，对他来说，都是遥远的历史，都不是很熟悉；他和我从事的专业也不同，一些从我们的专业的角度说是基本的常识，但对他来说却是相当隔膜的东西；特别是在做这件事之前我跟他根本不认识，他对我几乎没有什么了解。他不得不想方设法地了解我这个人，了解我所经历的历史，了解我所做的工作。因此，不知不觉间，时间就一周又一周地延长下来。到现在，这件事情已经做了一年多。这一年多来，我把自己觉得值得谈的事情，差不多都跟崔君谈过了，他都做了笔录，又录了音。口述史的编写大纲和个别章节，崔君给我看过，我觉得基础不错，相信这件事情能够做成做好。

我已经一百多岁，又得了这种不治之症，现在看着好像好好的，不定哪一天，说不行就不行了。做口述史，可能是我这一生能做的最后一件事了。希望这件事也像我做过的别的事情一样，不求它有多么了不起，但愿它能对现在的人和将来的人有些用处。还是用前边说过的那句话来做本文的结束语吧：

> 但使文章能寿世，不求闻达以骄人。

后记

今天，完成了吴宗济先生口述历史的第六章，也是这部口述史的最后一章。从接触这项工作到今天，已经过去了十多个年头。此时此刻，作为撰著者，我还有些话想要跟读者大众说。

首先想要说的是，这项工作不但是在鲁国尧师的一力促成下开始的，而且在访谈的整个过程中，一直到文稿的发表，都得到鲁师的关注、鼓励和帮助。可以说，没有鲁师的努力和心血，就没有这一部口述史。

为什么这样说？

朋友们都知道，我所从事的专业是音韵训诂，而音韵训诂的工作同时也是我平生的兴趣和爱好所在。因此十几年前退休之后，我只想在自己专业研究的基础上做些力所能及的事情，根本没有想到要另辟蹊径，去做一些自己所不熟悉的事情。但是我毕竟接受了这一项任务，跟吴宗济先生合作，撰写了这部口述史。要说清为什么会发生这样的变化，不能不从我和鲁国尧师的关系说起。

鲁国尧师是我的一位恩师。我在追随俞叔迟（敏）师攻读博士期间，俞师不幸仙逝。遵照俞师母的意见，又征得王宁先生同意，由北师大中文系出面，聘请了南京大学的鲁国尧师接续俞师，帮助我完成了学业。在我人生遭遇困难的时候，鲁师慨然施以援手，这一份恩情，令我终生难忘。因此，论文答辩完成以后，我和鲁师之间一直保持着密切的联系。

鲁师为什么急着要帮助吴先生做口述史？现在回想起来，可能有两个原因：一是鲁师认为像吴先生这样有如此丰富的人生阅历的世纪老人，他们的经历本身就具有极高的史料价值；二是鲁师当时获悉吴先生已确诊为直肠癌，感到有必要采取一些办法从吴先生身上抢救这些宝贵的历史资料。至于为什么把这一项工作交给我来做，主要原因是京、宁两地距离遥远，鲁师虽然想要亲自做，但鞭长莫及，分身无术，只能找别人来做；而最后决定让我来做，可能只是一种巧合：正在鲁师急于物色做这项工作的人选的时候，刚好看到了我呈给他、请他矫正的一篇文章。那是一篇讨论《说文》正篆字数的文章。为什么这样说？

2009年1月6日，我在给鲁师的一封信后，随信附寄了拙文《今本说文正篆字数考》，当天就收到鲁师的复信，问这篇文章发表在何处；第二天，1月7日，鲁师又来信表示，愿意把它推荐给一个刊物。紧接着，1月8日，鲁师在这一天之内连来三封信：第一封信询问我读没读过李方桂先生口述史，以及何兆武口述、文靖撰写的《上学记》，末尾特别写了“盼复”二字，这两个字在鲁师平时的来信中是很少用到的；第二封信提出让我设法读这两种书，并说：“我建议你做一件伟大的工作，真是伟大的工作，抢救国宝的工作”，末尾特别写了“盼即复”三个字，比上一封信更急切；第三封信明确提出做吴宗济先生口述史的事情，请吴先生口述，要求我录音、记录，撰写成文，鲁师说，吴先生本身就是一部百年史，不把这部历史记录下来，就对不住世人，鲁师认为只有我最适合做这件事，最后对我说的是：“请您同意”；1月9日晚，收到鲁师的第六封信，信中说：“我们要抓紧，抢救国宝……请为国家、民族，同意。”随信转来一封一位朋友1月7日写给鲁师的信，这位朋友前不久看望过吴先生，信中通告了吴先生患直肠癌的情况。六封信语气一封比一封急切，给我的感觉是这件事不是可做可不做，而是一定要做；不是商量，而是命令。

说实话，我当时的认识水平虽然达不到鲁师所要求的高度，但也知道这是一件有意义的事，一件值得做的事情。如果是别人做了，我乐观其成；有需要我帮忙的地方，我也愿意尽力相助。但真要让我去做，心里的顾虑还是很多的。

首先是我不懂实验语音学，在这方面，我几乎完全是一个“门外汉”。我们搞的专业，接触较多的是上古汉语的文献资料，主要是从故纸堆里讨生活；而实验语音学是非常前卫的学科，是要借助现代的各种仪器设备、各种新的研究手段来做的自然科学与工程技术交融的一种学科。而且我已经年过花甲，要从头学习一种完全陌生的学问，能学到什么程度？想想心里就觉得空空的。

其次是我跟吴先生年龄上的差距。我们大约都有这样的体会：自有记忆以来，对于自己曾经经历过的事情，即使过了几十年，大量的场景、画面，大量的感性的东西，都自然而然地留存在自己的记忆之中，都像是昨天才发生过的一样；而对于自己没有亲身经历过的事情，即使是很晚近的事情，也感觉是很久以前的事，也是历史，只能从阅读中、从别人的转述中间接地了解，总会感觉很隔膜。吴先生生于清朝末年，我生在日伪统治时期，差了三十五六年。很多吴先生亲身经历过的事情，对于我来说都是历史。这种差距是客观的存在，这种“代沟”只能通过学习尽量弭除。

再次是我对吴先生不够了解。在接触这件事之前，我只知道吴先生是一位在实验语音学方面很有成就的老先生，其他的情况几乎一无所知。如果是一位我曾经受教过的师长、一位曾经的同学、共事过的朋友，对他们的人品、学问、大体经历、性格特点、爱好专长等有所了解的话，要写一写他们，虽不是我的长项，却也不至于如此犯难。可要写一位完全陌生的、经历过百年沧桑的老先生，我对自己能不能胜任这一项工作，说实话，真是没有什么信心。

1月9日，我给鲁师回信说：“吴先生的经历、学问等都值得钦佩，诚如我师所说，帮助这位老先生整理口述历史，是抢救国宝，意义重大，加上我师殷殷叮咛，华敢不从命？只是担心才疏学浅，不能胜任此项工作。”又说，我很相信人和人之间的缘分，希望有机会到吴先生府上去拜望他老人家，如果彼此投缘，下面的事才好办。

在动员、要求我做这件事的同时，鲁师也给吴先生写了几封长信，做了大量的工作。鲁师向吴先生说明做口述史的特点和好处，说服吴先生由写回忆录改为做口述史，又向吴先生说明合作者人选需要具备的条件，并把我的情况向吴先生做了详细的介绍。除了介绍一般情况之外，还特别提到我曾把《说文解字》一个字、一个字地数了几遍，对我做事的认真细致给予高度肯定。1月13日，鲁师给吴先生写信，要吴先生的电话号码和家庭住址，14日，吴先生把电话、地址以及地理位置的特征都写信告诉了鲁师。

鲁师不但促成了我和吴先生的第一次见面，而且对这项工作的进展一直十分关心。我也一直和鲁师保持着密切的联系，随时汇报情况，直到吴先生病逝，工作的每一步，都得到鲁师的指导。所以说鲁师是这项工作的策划者、组织者和具体领导者。如果说这部口述史有些什么意义、什么价值的话，首先应该归功于鲁国尧师。读者朋友们看到的每一章下面只标明“吴宗济口述，崔枢华撰写”，看不到鲁国尧师在这项工作中倾注的心血，因此有必要把这些情况说说清楚。

下面要说的是吴宗济先生。第一次拜见吴先生时，我是怀着试探的心情去的。那一次访谈中，吴先生的坦诚和平易给我留下了深刻印象。吴先生大略地介绍了自己的家庭和生平中主要的几件事，娓娓道来，如数家珍。仿佛在他面前的我不是一个陌生的晚生后辈，而是一位颇能推心置腹的朋友。吴先生对“义”和“利”之间关系的认识，和我的看法高度一致，让我对这位老先生充满敬意。临别的时候，吴先生给了我一些跟他的经历有关的资料，把“文化大革命”后退还给他的一些“检查交代材料”之类的东西也借给我，让我复印备用。肯把这些带有个人隐私性质的东西没有保留地交给我这个初次见面的人，足见对做口述史这件事的诚意，足见对我的信任，足见心胸的坦白。这一次访谈让我相信我和这位先生之间应该是有些缘分的。

在参考了当时能够见到的有较大影响的口述史类的著作之后，吴先生对自己的口述史渐渐有了比较明确的追求。从清末到现在，一百多年中，除了治学之外，吴先生入过伍，从过政，经过商，经历之曲折，交往之复杂，见闻之博，兴趣爱好之广，在我所认识的人中，可以说是绝无仅有。从吴先生的口述内容和吴先生与我们的通信中，不难体会吴先生想跟世人说些什么。至于写法方面，吴先生也有自己的想法，他不认同过多地发挥，不大欣赏渲染之笔。这些想法对我撰写这部口述史有决定性的影响。

在一年多的时间里，从2009年2月5日，到2010年7月4日，访谈活动共进行过五十多次。吴先生对做口述史的事情可以说是兢兢业业，把这件事当作他晚年最重要的事情来做。最让人感动的是，直到最后病重住院时，吴先生带到医院里的几本书、几份资料，都是跟做口述史有关的。最后的五次采访①，已不能正常进行，吴先生一阵清醒，一阵昏迷，但醒过来时，一见到我，就立刻跟我说些和他的经历有关的事，放不下正在做着的口述史。这些事情也有必要在这里对读者大众说一说。

我本人接触这件事，前边已经说过，起初完全是因为师命难违。这种情况在当面交谈和书信来往中，我都对吴先生明确说过。吴先生在给鲁师的信里提到我的工作时，也评价我能“忠人之事”。做到后来，不知从什么时候开始，完成这件工作就变成了我的一种自觉的行为。

在访谈过程中，基本上是吴先生叙说，我只做录音和笔记，很少提问。这样做的原因一是因为我认为应该尊重别人的隐私，不愿意打听别人不想让不相干的人知道的事；二是怕打断叙述者的思路而影响采访的质量。我所做的主要是在吴先生叙述的基础上斟酌取舍，分章分节，形成文字，联缀成篇而已。这种做法的好处是，谈到的事情都是叙述者主动告诉世人的，不会受到采访者的诱导和干扰。换句话说，这样的口述史，记录的事迹和思想完全是由受采访者个人决定的，其中不会夹杂有采访者的思想、观点、见解。不过，这么做也不是没有问题：对有些事情的挖掘可能不够深入。

有些事情在吴先生生前没有来得及了解清楚，或没有来得及查对明白，不得不查阅一些资料，不得不向吴先生家属求证。因此这部口述史虽然以吴先生的口述为基本素材和依据，但同时也吸收了吴先生已发表著作中的部分内容。除此之外，也向吴先生家属和有可能了解当时当地情况的朋友们请教。民国时期的相关史料以及部分口述史之类的著作，读了一些，对核对一些事件发生的时间地点等有重要的参考价值。现在的互联网内容丰富，查询便捷，但网络上的东西往往良莠不齐，虽可以借助它对了解一些历史人物、历史事件多获得些有益的线索，但这些只能作为参考，不能作为依据。

我本来的专业是音韵训诂，在本专业范围之内搞搞研究，写写论文，感觉驾轻

① 指2010年5月7日、17日、24日，6月21日和7月4日五次，有断续录音。

就熟，比较从容自信，写历史类的文字从来没有尝试过。我一向认为，历史不是什么人都可以写的。这项工作对人的才、学、胆、识、德，都有很高的要求。古代有董狐、司马迁这样高山似的榜样，晚近也有多位文章巨擘的传世之作。和这些先哲前辈相比，我们必须景仰崇敬，虚心学习。吴先生在谈到做口述史的动机时曾明确说过："但使文章对寿世，不求闻达以骄人。"我相信吴先生在叙述自己的百年人生时，实践了这一想法，是在真实地述说往事，而不是自我标榜；同时我也相信，在撰写时我也坚持了实事求是，先史后文，而不是自我表现。

在这部口述史即将完稿的时候，我要特别感谢我的老师鲁国尧先生，没有鲁师的策划、组织、领导，就没有这部口述史。还要感谢语言所的李爱军老师，李老师在百忙之中对书稿第五章认真审阅，就其中涉及的实验语音学专业的问题给了我宝贵的指导。还要感谢吴先生的女儿吴茝珠老师，有些吴先生在世时没来得及弄清的事情，曾不止一次向吴老师请教。吴先生曾经活动过的一些地方，比如上海、昆明、广西等地，一些地方我本人虽然曾经去过，但对当地的地理、历史情况都不够熟悉，曾就不少问题向一些亲友请教，得到他们的热情指教，在这里也向这些亲友致谢。

限于本人水平，文稿中肯定存在不少缺点和问题，先向读者朋友们致歉，并恳请朋友们不吝赐教。

2019年4月12日初稿
崔枢华于京师园日洗砚斋

5月20日，中国社科院语言所召开了纪念吴宗济先生诞辰110周年研讨会，我本人荣幸地应邀出席了这次会议，并在会上汇报了撰写吴先生口述史工作的情况。语言所副所长李爱军研究员评价我们的工作"功德无量"。

2019年5月26日又记

附录：

跋

鲁国尧

有个成语"先睹为快"，我总是应着这句话。何以作如是言？吴宗济先生口述、崔枢华学棣撰文的《我的百年人生：吴宗济口述史》，枢华每一章毕稿，即用E-mail发给我，我总是第一个读者，我每次读毕都有一种愉悦、兴奋的感觉，我衷心敬佩吴老的高尚与真诚，衷心赞誉枢华的认真与文笔。这次第六章的电子稿拜收后，我急匆匆地读了第一遍，就萌生了写个"跋"的念头。现在逐字读了第二遍，就"援笔""写"下去了。

一、竭诚推介中国第一部口述史《庚子西狩丛谈》

因为吴宗济先生与崔枢华教授合作的《我的百年人生：吴宗济口述史》是一部口述史，所以我想了解"口述史"这一体裁的来龙去脉，今天登录百度网，其"百度百科"有"口述历史"一条，现摘其部分文字于下：

> 口述史学在英文中叫Oral History，或者称History by Word of Mouth。这个术语最初是由美国人乔·古尔德于1942年提出来的，之后被美国现代口述史学的奠基人、哥伦比亚大学的阿兰·内文斯教授加以运用并推广。……1948年，哥伦比亚大学"哥伦比亚口述历史研究处"的建立，标志着现代口述史学的产生。从1960年至1966年，全美相继建立了90个

> 研究口述历史的专门机构。1967年，美国成立了全国性的口述历史机构——口述历史协会（OHA）。……口述史学是发端于海外的一种记录历史的形式。

“百度百科”又说：

> 中国口述历史第一人。身为中国近代史大家，唐德刚是华裔史学家中口述史的主要推动人物。著有《李宗仁回忆录》《胡适口述自传》《顾维钧回忆录》等，……唐德刚1920年生于安徽合肥。

唐德刚确是口述历史有高度成就的历史学家，但是他果真是“中国口述历史第一人”吗？

我的答案是：“非也，非也。”

就我所知，中国口述历史的第一本著作应该是吴永口述、刘治襄撰文的《庚子西狩丛谈》！

庚子年即1900年，外国侵略者八国联军攻进中国首都，慈禧太后与光绪皇帝仓皇西逃，至怀来县境，狼狈万状之时，知县吴永“接驾”，请看其中的一段：

> （太后）忽放声大哭曰：“予与皇帝连日历行数百里，竟不见一百姓。官吏更绝迹无睹。……我不料大局坏到如此。”声甚哀恻，予不觉随之痛哭。太后哭罢，复自诉沿途苦况，谓连日奔走，又不得饮食，既冷且饿。途中口渴，命太监取水，有井矣而无汲器，或井内浮有人头。不得已，取秫秸秆与皇帝共嚼，略得浆汁，即以解渴。“昨夜我与皇帝仅得一板凳，相与贴背共坐，仰望达旦。晓间寒气凛冽，森森入毛发，殊不可耐。尔试看我已完全成一乡姥姥，即皇帝亦甚辛苦。今至此已两日不得食，腹馁殊甚，此间曾否备有食物？”

吴永后随至西安。慈禧向十三国赔款四亿五千万两白银，这天文数字都是咱中国人的民脂民膏啊！如此“两宫”在一年多后方得返回北京。清朝灭亡后，吴永在1919年、1927年两度向友人刘治襄等口述当年经历，1927年刘治襄当即据之成文，“复持示渔川（鲁按，吴永之字），承为诠次先后，订其漏误，更出旧藏日记两册见付，携归核对，以次填补地名时日，并就中择要节抄二十余则。”定书名为《西狩丛谈》，得吴永认可。1928年春，吴永与听讲的友人之一吴闿生（桐城派晚期大家吴汝纶之子）作序，此书遂刊行于世。“中外推崇，视为信史”，被译为多种外国文字。

因此我郑重提出，这《庚子西狩丛谈》至少是中国的第一本真正意义上的口述史，是口述史的经典！至于是否是世界的第一本真正意义上的口述史，待考。

现在再说另一问题。请问诸君可知，1900年的怀来县知县吴永何许人也？那我现在可以告诉诸位，诸位定会惊诧。吴永者，我们敬爱的吴宗济先生的尊人是也！

如此，父子二人都在中国现代口述史的广场上树立起高高的旗杆：吴永老先生做了一部口述史《庚子西狩丛谈》，吴宗济先生做了又一部口述史《我的百年人生》。

父子同辉，中国文化史上罕见的“亮点”！

二、略叙我策划做吴宗济先生口述史的历史

读了枢华撰写的吴先生的口述史的第六章，吴先生神明不减，枢华学棣记忆惊人，他们不仅记住事情的梗概，而且时日都很精确，这叫我钦佩不已。若论他们记叙中的缺点，就是对我过奖，我愧不敢当。

我是“第三者”，作为这部口述史的策划者，到现在也应该写一点文字以与吴先生和枢华学棣的记述呼应。写什么呢，我思忖久之，还是用文献来代替吧。什么“文献”？沈阳师范大学张宜教授在21世纪初获得了一项国家社科基金，做语言学

家的访谈录，已经出了一本厚书《历史的旁白：中国当代语言学家口述实录》（高等教育出版社 2012 年版）。张教授力有余裕，锲而不舍，要出第二本。2016 年 8 月 1 日找我做访谈录，其成果初步发表在山西大学语言科学研究所乔全生教授主编的《北斗语言学刊》第三辑第 251—285 页（上海古籍出版社 2017 年版），题为《鲁国尧教授访谈录音整理稿》。最后的一千多字有关我对口述史的见解，也涉及我策划“吴宗济口述史”的事。已经发表了的文字，应该算是“文献”的，引录之也可见“信史”的一斑。

张宜：鲁老师您对我从事语言学家的口述历史怎么看？我自从 2003 年开始做，已经有十多年了。这是一件耗时耗力的事儿，有时候联系一位语言学家，前后就需要很长的时间啊。

鲁国尧教授：您做口述史研究，非常好，非常好，向您致敬，这是肺腑之言。口述史（研究）是个新方向。这需要有心人有勇气、有毅力、有担当、有恒心。对您的工作，您的成就，我敬佩，我支持。（张宜：谢谢您的理解！）您的口述史工作意义重大，这不仅是总结某个学者的学术经历，也是对人类的贡献。为什么我讲得这么高？做学术研究的人，写的论文和书，成千上万，多如牛毛，都自视甚高，其实能够经得起历史检验的并不多。过了三年五年，最多三五十年，大部分要化成造纸厂的纸浆。心理学家说，忘却是为了记忆，这话对极了，推陈是为了出新，那些为了政绩为了利禄而粗制滥造的劣质货早该扔进垃圾箱。而堪称实录的口述史（料）是永远都不会被磨灭的。无论过多久，只要史料（录音、书等载体）在，它对人类的贡献就还在。每个人的一生都是唯一的，一个学者的一生也是唯一的，他的道路、他的经历、他的言论、他的思想都是唯一的。是他人不能有的，是不可复制的。这决定了口述历史是唯一的，不可复制的。您记录的资料对研究中国，以致人类都是有重要意义的。所以我认为您的工作不仅是对中国的贡献，也是对世界的贡献，（张宜：谢谢您对我工作的肯定！）这样的工作太有意义了。我读过若干口述史，比如唐德刚做的胡适口述史、李宗仁口述史，我爱看，胡适口述史看了不止一遍。还有，三联书店的畅销书何兆武老先生的《上学记》，我看了五六遍，每看一遍，都兴趣盎然，我向许多朋友推荐道：“如果你看了觉得不怎么的，购书的费用我付。”事后人人说好，我就没有掏腰包。何老先生他那一代人都 90 多岁了，他们的经历我们这一代人就不知道；我也快 80 岁了，我这一代人的经历，比我年轻的人也不知道。所以说，中国语言学的学术史也是文化史，社会史。一粒沙中看世界，从中可以窥见人类历史的一斑。张宜教授，您的工作我有体会，我认为您的工作特有意义，向您致敬！

我们志同道合。我有历史癖，在我们的《南大语言学》上发表了多篇回忆录，比如《“惠”文七篇》即王力、李方桂、蒋礼鸿、俞敏、朱德熙五位语言学名家的夫人们所写的对夫君的回忆文章。我们还拟组织、发表健在学者的“为学录”“访学游记”。

您可知道，我也在搞口述史啊。南京师范大学有位徐复老先生，是章太炎、黄侃两位大师的弟子，道德高尚、学问渊博。在他 93 岁的时候，我请求做他的口述史，老先生欣然同意。我于是派了两个博士生马毛朋、卢一飞做了他的访谈录，刚做成，徐先生就仙逝了，我为“抢救遗产”立了一个不大不小的功，您同意吧。（张宜：当然同意！您的确是立了大功！）《徐复先生口述史》发表在《南大语言学》第四编上，商务印书馆 2012 年出版。我对中国社会科学院的吴宗济老先生很崇敬，我请他写回忆录，约好在我们办的刊物《南大语言学》上发，吴先生高兴地答应了。他在写，我逐渐发现，他毕竟是百岁老人了，搞不动了。因此我改弦更张，策划做吴宗济先生的口述史，我特地到北京吴先生的家里商谈，我不能待在北京亲自做，于是请了一位好朋友，北京师范大学的崔枢华教授到吴先生家，访谈了好多次，吴先生用互联网、百度搜索引擎等现代手段准备资料，崔枢华教授录音、转成文字，加工，整理，尽心竭力。这个口述史很成功，崔枢华出版过《说文解字声训研究》《周易》注，是位“老学究”，不意他的文字如流水行云，笔端生花，我很是佩服。《我的百年人生——吴宗济先生口述史》第一章、第二章已经在乔全生同志主编的《北斗语言学刊》发表，下面将继续连载。

所以我非常支持您，张宜教授的工作。这项工作是很艰苦的，《中国当代语言学家口述访谈实录》已经出版了第一集，我祝贺您的成功。现在乘胜前进，做第二集，祝您成大功。

张宜：好的，感谢鲁老师的支持！

鲁国尧教授：您做口述史，我十分钦佩!!!

吴宗济先生、崔枢华教授合作的口述史历时十载终于在2019年春大功告成，这是对中国语言学的贡献，也是对人类的贡献！

我感到十分欣慰。谨对吴先生、枢华学棣致以崇高的敬礼!!!

三、“充分享受人生的趣味”解

吴宗济先生在口述史最后一章即第六章以较多的篇幅详细地叙述了“我的兴趣爱好”。吴先生说：

> 我这个人从小好奇心强，喜欢学习各种知识，喜欢鼓捣各种东西，兴趣爱好比较广泛。举凡读书、摄影、书法绘画、音乐、诗歌、旅游等，几乎没有自己不喜欢的，晚年更是对猫头鹰情有独钟。

读了这一段，不禁使我想起一则英国谚语：“Wisdom comes from extensive observation and broad knowledge.（智慧出自广见博识。）”吴宗济先生与之何其相合乃尔！

我又想起我多年前拜读服膺的一篇文章。胡适先生在其1925年作的《读书》一文中说：

> 理想中的学者，既能博大，又能精深。精深的方面，是他的专门学问。博大的方面，是他的旁搜博览。博大要几乎无所不知，精深要几乎唯他独尊，无人能及。他用他的专门学问做中心，次及于直接相关的各种学问，次及于间接相关的各种学问，次及于不很相关的各种学问，以次及毫不相关的各种泛览。这样的学者，也有一比，比如埃及的金字三角塔。那金字塔（据最近《东方杂志》，第二十二卷第六号，页一四七）高四百八十英尺，底边各边长七百六十四英尺。塔的最高度代表最精深的专门学问；从此点依次递减，代表那旁搜博览的各种相关或不相关的学问。塔底的面积代表博大的范围，精深的造诣，博大的同情心。这样的人，对社会是极有用的人才，对自己也能充分享受人生的趣味。

这一段文字我读过好多次，胡适说的是“理想中的学者”，现实中可有这样的人？依我如今之见，吴宗济先生已到“近之”的程度。何以如是言？吴先生在他的时代里，称得上是中国实验语音学的第一人！再谈他的博大，他“那旁搜博览的各种相关或不相关的学问”，他的师辈、同辈、后辈几乎无人能及。上引胡适的话最后两句“这样的人，对社会是极有用的人才，对自己也能充分享受人生的趣味”。前一句我一看就懂，对后一句，看字面我也懂，说实在的，则并未了然。及至今日，读了《吴宗济先生口述史》末章，方才悟道，吴宗济先生可以说是享受了人生趣味的人，吴先生的若干自叙，仿佛是胡适之言最好的注脚。

> 思考什么问题一时理不清头绪时，写作中搁笔小憩时，随手抽出两本书翻上几页，也让人神清气爽，无比愉悦。
>
> 自钟、张、羲、献以下，历朝历代有名书家的碑帖墨迹，只要有机会碰到，都尽量搜罗来，观赏揣摩，把它当作学习的范本，同时也是一种美的享受。
>
> 对绘画的兴趣也陪伴了我一生，消闲的时候喜欢看书籍的插图，看各种美术图册，觉得那些优秀的艺术品都是人们创造的精神财富，有缘欣赏到它们，能提高自己的审美情趣，是一种美的享受。
>
> 在我的各种爱好中，音乐是和我日后的专业研究关系最为直接密切的，对我后来在专业研究上有所成就帮助最大。因为音乐不仅丰富了我的课余生活，提高了我的精神境界，而且对训练我的听觉很有帮助。
>
> 旅游是我的平生所爱。喜欢旅行，让人迈开双脚，亲近自然，既活动了身体，又怡悦了心情。除此之外，它可以让人开阔眼界，增广见闻；又可以磨砺人的意志，锻炼人的性格；更可以提供机会，与旧雨新知欢聚一堂，畅叙亲情和友情。

最后我要说的是，吴先生在口述史中对他的多项爱好虽然讲得很全面，但还是有遗漏。现在我来做一点补充，那就是他对京剧的爱好与高度的鉴赏水平。事情得讲得很远了，在 1985 年 8 月，中国语言学会在昆明召开第三届学术讨论会，地点在云南师范大学，就是抗日战争时西南联大的校址。我从上海坐火车，三昼两夜才赶到昆明与会。大会开幕式后，分组宣读论文并讨论。我们这一组有十来人，围坐着。吴宗济先生就在这一组，他讲的内容关乎京剧，请注意，他不是讲京剧名角儿的趣闻轶事，那可以拿箩筐来装的。吴先生讲的京剧各流派的声腔什么的，他精神抖擞、滔滔不绝地讲，讲得很长，超过 20 分钟吧。我不懂京剧，呆若木鸡，偶向周围一瞥，许多人兴味盎然地听着。其中有李思敬，他是王力先生的研究生，1957 年反右派斗争中成了大右派，吃过的苦头不算少，例如抬死人尸体等。1985 年的时候，苦尽甘来，当了商务印书馆副总编，同时主编《日语学习》杂志。李思敬对京剧可真懂，还会唱。我被安排与李思敬住一间房，小组讨论后，他与我一同回房间，一路上他抽着烟，兴奋不已，一句三叹，“想不到吴宗济先生鉴赏京剧有这么高的水平！想不到啊，想不到啊。”还伴随着身体与头部的摇动。今回忆及此，此情此景，历历如在目前。而今，李思敬学长、吴宗济先生墓木已拱，我亦至耄耋之年，“悲从中来，不可断绝”。

四、口述史的思想史

不管是中国学人，还是外国学人及在外国的华裔学人，都没有提到过“中国语言学思想史”这一语言学的分支学科。这是我在 2005 年的一次演讲中首次提出的，在 2006 年中国音韵学研究会的学术讨论会上，我呼吁建立“中国音韵学思想史”学科。此后就此发表了几篇论文。因此有朋友说我是“中国语言学思想史”的拓荒者，现在我愿再做一次拓荒者，即“口述史的思想史”的拓荒者。

我在 2007 年发表了一篇长文《就独独缺〈中国语言学思想史〉!?》，文中举了大量例证说明每个学科都有思想史，人文科学、社会科学之有思想史，易于取信于人，但是数学、地学、农学这些自然科学明摆着也有不少思想史的专著！历史学有思想史，铁板钉钉。那么其分支学科口述史学自然也应有思想史。

口述史学的思想史是什么？我认为应该以吴宗济先生提出的“但使文章能寿

世，不求闻达以骄人”为正确的指引方向。循此，口述史的园地方能“千朵万朵压枝低”。

吴宗济先生，智者。

智者，吴宗济先生。

待《我的百年人生：吴宗济口述史》正式由出版社出版，我再写序阐释，书此志之。

（2019年5月17日跋于南京，6月1日再补）

崔枢华 北京师范大学文学院教授
E-mail：cuishuhua@ bnu. edu. cn

吴宗济“补听缺”

沈亚明

图1　吴宗济做实验，所用语图仪为语音室在1964年购置的第一台，（中国社会科学院语言研究所语音室提供）

吴宗济先生斋号“补听缺”，语出罗常培“自现代语言学兴……可资实验以补听官之缺”。本文引申“听缺”，兼喻鲜有听闻之事或少受关注之点。

我与吴先生有多面之缘，曾聆听教诲，但不能算学生。恰逢纪念吴先生110周年诞辰，拜读他的《补听缺斋语音杂记》[1]，有所感触。“兹不揣愚蒙”，钩沉琐忆，“附会”杂谈，以“补听缺”，“以志永慕”[2]。

一、“大步流星”

我少年时，家中藏书大都被抄走。有一本学术著作漏网，作者王力，书名像是《中国音韵学》。书厚逾寸，十几岁的人不知天高地厚，啃了半本。及至背出《广韵》206韵韵字，却因借得一本数学教材而兴趣别移。我对王力那书印象深的是以声学分析语音的章节，认为实验语音学兼文兼理，蛮合我胃口，幻想有朝一日也能试试。

恢复高考，首选语言学。得悉全国只有两所重点综合性高校，在中文系本科设语言学，唤作“汉语”。一所是王力任教的北京大学，但北大来沪招收科系内没有该专业。另一所是上海的复旦大学，汉语专业对本市招生，我填为第一志愿。

复旦为生为师八年，我数次利用假期去北京拜见前辈学者。稍跨领域的有金克木、吴晓玲和陈洪进等，语言学界则有王力、周祖谟、陆宗达、吕叔湘、俞敏和周殿福……每次也去见吴宗济，但未急于向他透露，我考虑将实验语音学作为日后主攻候选［3］。

第一次是1979年年初，我进大学的第一个寒假。假期短，欲见名单却不短，行前戏称入京拜访名流。目的只是开开眼界，受受熏陶。老先生们无须日日上班，我大多登门私寓，口耳闲谈。唯与吴宗济约定，边聊边参观中国社会科学院的语音研究室。

吴导游领我穿房走室，显摆家珍。他时而停步于某台仪器，演示一番。往往我还没看清那家伙有何能耐，他已挪步，带我去看别的新鲜玩意儿。有几回，导游伸臂遥指靠墙放着、软质面料覆盖着的一排排东西，对我说："那些是你爸爸用过的。"

我父亲沈仲章在20世纪30年代，任北大文科研究所语音乐律实验室助教。据张砚田［4］："半农先生在国学研究所的那套语音学仪器，以及用仪器研究语音的工作，都由我一位好友沈仲章帮忙。仲章是一位少有的奇才异能之士，他于物理系毕业后，转而从事语音学的研究，极有成就。"周祖谟也曾对我说［5］："你爸爸是我老师。"父亲听闻诸如此类评议，多一笑而置之。但他忆往叙旧时，随口会漏出有关语言研究的人和事。我知道当年在北大语音实验室，沈仲章有单人办公室，罗常培不常来，与周殿福合用一间。而刘半农几次调查方言音律民俗，沈仲章是团队成员，则散见于史录［6］，表过不提。

上段插叙兼带解释，为何实验语音学在我心目中占有特殊地位。或许也能解释，为何京城知名学者不轻易为本院校学生授课，却乐意私下接见复旦来的我。另一头在复旦，我的老师们全然不知我父亲结交他们老师的老师［7］，我在沪就读却进京求教［8］。

犹如拜访前辈常例，我在第一时间速记了访谈录，可惜眼下找不到那叠纸。彼时汉语专业冷门，我班只有两个女生。另一个叫李小玲，家住北京，当年同车回沪。我去问她，她记得看过笔记，但忘了内容。有意思的是小玲补了我的忆缺：我曾托她带东西给吴先生，"吴宗济走路大步流星"——小玲说了又说。

闻教于别的学者，基本是两方端坐而语，须待笔录出土，才能"补"日久渐消的"听"忆所"缺"。庆幸的是跟着吴宗济走来走去，他连说带比画，我多感官感受，有助回忆。经小玲一点，吴伯伯（应是这么叫的）在我脑中活了起来——大步流星。

再说后几次上京，我大都预约专题补课。周祖谟伏于桌边说《广韵》，陆宗达坐在廊下释《说文》，周殿福时而击钢琴键时而敲音叉等（还伴以插注，你爸爸用过这物件那方法），测我听辨能力。说到测听力，有个好笑的起因：二十来岁的我在课堂总被叫到黑板前当众记音，可回家却比不过年逾七十的白发老父——令我怀疑自己，是不是学语言学的料子？周殿福的结论大长我志气，周伯伯还安慰我："谁能跟你爸爸比听力?!"

我也去找吴宗济，要他允许我上手，"资实验以补听官之缺"。吴先生爽快答应，但没有亲自教我，而是托人代劳。父亲曾来拍过几张照，现存照片中没留下吴先生的影儿。估计他有事外出，否则沈仲章难得来，两人应合影。我见习为期不长，所学不过沾沾水。而这段经历，对我却具有特殊意义。我从小听父亲说语音实验，心慕已久。又如前所述，因读了王力那书，语音实验是我报考语言学诱因之一。可那些年复旦未建实验室，我无法亲眼见一见，亲手碰一碰心仪的仪器。总算，吴伯伯给我以机会，才稍减心憾。

国际语言学的新发展，引我越洋来美。第一学年有个自选项目，得做语音实验。任课教授假定研究生早已掌握一应技术，实验室内也未设人手把手辅导。我自行摸索语图仪等设备时，没觉得太手生，想来是得益于出国前的短短实习。

套用中国实验语音学先驱之一刘半农歌词格式：叫我如何不想吴宗济?

图2＊　沈亚明（右）20世纪80年代初期在中国社会科学院语言研究所语音室；经该所友人辨认，左为俞铁成
（沈仲章摄，图片凡标＊号，沈仲章资料委员会保留版权）

二、“戛透轹捺”

到了海外，正遇科技迅速更代。我选择先迎接理论框架的挑战，需要时再补习最新技术手段。于是，实验语言学又被搁置于 back oven（后烤箱）。

很惭愧，吴宗济在世时，我没读他的论著。吴先生去世后，亦只读过他为《韵学骊珠》写的序言。直到近日，才读这篇30年前所刊之文。文内语言学诸专题，待由专攻者“评骘”。而我读文辞，似能感到吴伯伯又现眼前，滔滔而语，洒洒而笑……趣味良多。拙篇且从其他角度品读该文，本节读史。

吴文起于叙史，著者回顾自己“决定弃文从语”的转折点。时间“1933年秋季”，地点“清华大学中国文学系”，场合课堂，课名《中国音韵沿革》，人物有吴本人和他老师罗常培。吴摘了“北大自印本”罗编讲义内“研究音韵学方法”一段，说从那时起，他“产生了对实验语言学的兴趣”。

“北大”“罗常培”“实验语言学”，乃父亲常提，令我顿感亲切；“研究”“方法”，皆涉我兴趣——短短引言，吸引我往下读。

跳过吴文第一第二节，第三节前部又论史。光看第三节标题“戛透轹捺”，就知不是现在人说的大白话。果然，首段开宗明义，那四字源自清末劳乃宣。清朝?对白话文通行来说那算史前，顺此推测，“戛透轹捺”也该算中国现代语音学的史前。

该节第二段远程呼应全文引言，吴先生不忘老师，起句写道：“罗先生早年在北大时，对劳氏这四个字还有一段因缘”。紧下摘录罗常培对青年研究人员介绍“自己研究语言的经过”。接着连环说事，“戛透轹捺”如何代代传承。

下录读书笔记，择要概述吴文，试分四个接棒环节，为“戛透轹捺”列个简历。

第一环劳乃宣，1898年劳氏《等韵一得》初刊，以“戛透轹捺”为声母分类，“独树一帜”。

第二环钱玄同，转引自罗常培回忆。钱氏授课引劳氏，戛音“戛击”，透音“透出”，轹音“轹过”，捺音“按捺”云云。

第三环罗常培，有些小周折。罗氏欲接棒下传，却担心自己若“昏昏”，何以使学生“昭昭”？多亏另有三人，助罗弄清“戛透轹捺”四字谜。罗先读高元《国音学》，内引 Henry Sweet，这才“明白多了”，并“开始摸索语言学”。1928年，罗又向赵元任“请教戛、透、轹、捺的问题”，赵在三天之内，把罗“三年的疑问都解决了”。倒推三年，此环约起于1925年。

第四环吴宗济，衔接文首事件（即吴听罗讲课）。“当时”（即1933年）吴“感到劳氏的分类过于简单”，“未深究”。直至“近年来”（近1989年）才“感到古籍今释的重要”，重评久已不闻于众的“戛透轹捺”。

据之前信息，大致可测罗于1928年起往下传棒。虽估计吴接第四棒前，罗也曾传授他人，但不详不议。从1933年到1989年长达56年，至少罗有一个弟子吴宗济，始终没有忘却“戛透轹捺”。若取单线，可视1989年吴文面世为四连环之终点。

吴综观全程，推崇罗常培《汉语音韵学导论》（原名《中国音韵学导论》）为“对劳说最科学的解释”；吴回首起点，彰褒劳乃宣首棒之功，主张“用现代语音学的手段给予公允的评价”。按常理，劳氏创说非速成之功，他对“戛透轹捺”的思考当早于1898年。自劳氏酝酿该四字及至1989年吴氏复议，不知可否称作“戛透轹捺”近百年小史？

而在我读来，吴先生根据他个人所知所悟，回溯几代语音学家探索“补听缺”的这一案例，也为后学展示了语言学史“补听缺”的一个范例。

叫我如何不敬吴宗济？

图3 左起：吴宗济、杨时逢、董同龢、赵元任、丁声树；1938年7月1日，昆明。
（中国社会科学院语言研究所语音室提供。并征得赵元任女儿赵新那同意使用）

三、“意”在“声”先

“意在声先”是吴文第一节标题。吴宗济解释：“这个词是受中国书画技法的‘意在笔先’这个术语的启发而暂拟的。”还以书画的“肌肉运动”，形象地“比拟语音的动态”。我视跨界比拟，亦类“补听缺”。

吴言促我往另一方向越界，进一步化解引申“意”与“声”，各加引号［9］。“意”代表学术意识，包含尚处探索阶段、尚待斟酌表述、未被普遍理解的试行方法——直白一点，不太听说、听不太清或没说太清楚的独到想法。“声”代表专业术语，一般需由相对成熟的体系框架支撑——也直白一点，业内耳熟的通行说法。

步吴文引言后尘，亦请包含本文“有些比喻甚至不免牵强附会”。自辩曰，可谓某种程度的“意”在“声”先——我先“提出点个人看法”（意），仍拟寻求合适表述（声），并亟盼“就正于高明”。

继续释题，我之所以想到“意”在“声”先，另有一段因缘。

父亲沈仲章经历丰富，我多有亲闻积累，加之种种原因，接棒传承父辈记忆的重任落于我肩，多年前开始梳理资料。我于史学外行，并无意钻研史学理论，但对史界方法论，略作抽样了解。被称为“历史之父”的希罗多德在公元前 5 世纪的取材实践，现代学者归结为“三代回溯”，至今值得借鉴。依我愚见，这就是个典型——希罗多德学术之“意”在先，古典学术语之“声”在后。

释题毕，探视吴评劳创“戛透轹捺”说，至少显示两个层次的“意”在“声”先。

从字面理解，罗常培言“操术弗精，工具不备”，似指技术设备。其实，科学研究“工具”向来讲究方法论，亦含专业术语表达惯例。细品吴文，吴宗济意识到了这一层。他承认前人受“时代所限”，但赞誉他们“尚可摆脱（或多或少地）‘蔽于成见、囿于方音’的框框”——依我解读，学术意识可嘉；“单凭口耳来审音，已作了很多有价值的工作”——依我解读，研究成果可喜。

针对 19 世纪末的劳氏分类，吴文认为“应予肯定”。虽“明显地落后”，那是相比“现代任何一种同行的语音学教材”；而劳氏“对每个音类的声感的描写或比喻，确实是相当突出的”。依我解读，劳氏学术意识领先，“相当突出”。

吴举例，劳氏“居然能理解到声音的‘钝’与‘锐’”（吴插括号注现代语言学术语“区别特征的对立面”）“是与振动体的形状和面积有关的”。而劳氏区别“杖之平末”与“掌之扁者”，则为意识到发声体的面积大小与噪声频率高低之间关系。吴评劳氏分类“同舌根音与双唇音的声学特征是相符的”。

吴继续用术语重释“劳氏对不同辅音的发音方法所产生的效果”的“生动的描写”：劳言“筑地”或“掷地”，吴释形容“瞬态噪音”；劳言“矛卓地”，吴释可想象先破裂再摩擦，“符合塞擦音的声学特征”；劳言“穿”“洞”“刺”“破”，吴释对描写“送气音”都“非常形象”；劳言“曳”“辊”“画”“摩”，吴释表“擦音”“在区别特征上”的“‘久’（或延）音而不是‘暂’音”，“也与清擦音的声学特征相符”。

图 4　吴宗济与他设计的腭位照相仪。
（中国社会科学院语言研究所语音室提供）

“特别是”吴文举例，劳氏“对擦音的‘轹过’，‘如轻车曳柴行于道’的比拟，可以想象一车子树枝，尾部拖曳于地上，一路走去所成的声。而其在路上（土路）所划出的痕迹，恰恰和今日语图仪上所化的擦音乱纹相似，这也难能可贵。”

试想，要是上苍再假吴先生以阳寿，他会不会设计一种能制作动漫短片的语图仪？若此，我们能看到的不仅是声音的动态，还有车拉树枝拖曳于土路，留下的乱纹痕迹？

吴宗济以“古籍今读”，来解说劳乃宣“意”在“声”先。而我读吴述某些现象，感觉若用较新研究手段包括认知语言学，来解说对 interface（介面）或 mismatch（错位）等，或有用武之地。也就是说，旧文“今读”，可体会吴宗济的“意”于“声”先。再者，吴先生多处借释书画之语来分析语音，又是另一层面的“意”在“声”先。我隐隐有意识，吴文当还有多种多层“意”蕴“声”先。

叫我如何不服吴宗济？

四、“形断”“势连”

末节标题亦取自吴文：“语音连读中另有一种现象是‘声断意连’（或‘形断势连’）”。我以“形断”指先辈形影远去似断，而“势连”谓精神势态连绵长续［10］。

吴文提得较多的先辈钱玄同、赵元任和罗常培，因父亲沈仲章都曾相交，我心中早有这几位的形象。读该文又“补听缺”，更增敬意。而文内提到最多的当数劳乃宣，1843年生1921年卒，离我实在太遥远。直到几年前，我因追踪卫礼贤之佛缘步履，得知卫译汉籍经典多赖劳氏释导，才有了间接的虚线连接［11］。但在过去，我未曾试图想象劳翁形象。即便想，多半会把他定格为一个皓首穷经的遗老书蠹。

初瞥吴正文所摘劳片言只语，我以为，劳氏为补科技“不备”，自创一套语音实验的“操术”。设想创操术者身体力行，依吴氏归纳“劳乃宣《等韵一得》声母分类表”（简称吴表），重构实验现场——劳翁岂止活了起来，而且活得非常带劲儿！

发音部位／声源／发音方法	鼻、腭（舌根）	舌（舌头）	齿（舌叶）	唇（双唇）
	腭形平，音如杖之平末者遇物而成	舌形圆，音如弹丸之圆者遇物而成	气达于齿，其形锐，音如矛之锐末者遇物而成	唇形扁，音如掌之扁者遇物而成
戛 稍重，气作戛击之势，如剑戟相撞。（不送气塞，塞擦）	嘎[k] 如杖筑地	答[t] 如弹掷地	查入[tʂ] 如矛卓地	巴入[p] 如掌击地
透 最重，气作透出之势，如弹丸穿壁而过。（送气塞，塞擦）	喀[k‘] 如杖穿壁	嗒[t‘] 如弹洞壁	叉入[tʂ‘] 如矛刺壁	葩入[p‘] 如掌破壁
轹 稍轻，气作轹过之势，如轻车曳柴行于道。（擦，边）	哈[h] 如杖曳于地	拉[l] 如弹辊于地	沙入[ʂ] 如矛画于地	夫[f] 阿入 如掌摩于物
捺 最轻，气作按捺之势，如蜻蜓点水，一即而仍离。（鼻）	迎[ŋ] 阿入 如杖略拄于柔物	纳[n] 如弹略抵于柔物	聻[ȵ] 如矛略点于柔物	嘛入[m] 如掌略按于柔物

图5 “劳乃宣《等韵一得》声母分类表”（吴表），凡下文引用词语均由线圈出

估测劳氏实验，可分三大组成部分。

其一，以嘴发音。在没有录音机的年代，每测一音都少不了这道程序。吴表横向顶行列发音部位，分“舌根”“舌头”“舌叶”“双唇”四处；纵向最左栏列发音方法，共“戛”“透”“轹”“捺”四种。

其二，取各种工具拟声。主要是吴表中央共16大格，而该表最左栏发音方法，除描述口中“气作……之势”，亦辅以“如”某物于某物接触之况。见举例。

其三，用耳对比发音与拟声。每测一音都需反复听辨，表过不议。

劳氏自我得意之最，无疑是拟声：“戛透轹捺四类，古所未有，为余创获”。读吴表所录，“工具”可赏，“弗精”可原，而“操术”实可赞也。

实验过程举例于下。

一拟“戛”声：舌根音犹“杖筑地”；舌头音似“弹掷地”（未知“弹”

之尺寸材料）；舌叶音像“矛卓地”（《说文》“高也早匕为卓”）——测以上三音，劳翁自可巍巍而立。然双唇音挑战性强，竟需屈身下降（不明是蹲是坐还是如何），以“掌击地”。

二拟“透”声：“杖穿壁”“弹洞壁”“矛刺壁”“掌破壁”——铁掌？土墙？

三拟“轹”声：“曳”“辊”“画”“摩”于地，如前述“轻车曳柴行于道”。四拟“捺”声，把玩“柔物”于指掌，既已领教更猛招式，“蜻蜓点水”小技，一即而离。

试想，倘若实验效果不理想，以上步骤需重而复之。不由钦佩已达知天命岁数的劳乃宣，眼耳灵敏，身手矫捷，功夫了得——“掌破壁”！

旋即静神再思，劳君子不必亲劳体力，可仗脑力拟声。恐怕差错出在我望文生义，构想动漫语图仪，拟“形”连“势”。

自嘲继以戏言于友：假如钱玄同和罗常培效仿劳氏“操术”，当堂示范“戛击”“透出”“轹过”“按捺”，我敢打赌，教室内无一学生会“昏昏”（欲睡）。而若请曾与钱唱双簧的刘半农和善表演的赵元任，再拉上曾在唐山大学跟马良手下两条好汉学过武术、参与北平学生剧团并常领衔的沈仲章［12］同台凑趣，实验观摩定会场场爆满。

我也敢打赌，吴先生乃有趣之人，大概不至于斥戏语为思邪。老同学李小玲曾对我说：“你有很多怪怪的忘年交。”她举第一例谁？吴宗济！

如前已述，吴文在我读来，字里行间多维意趣，引我回味父辈友朋多种情趣。吴先生寿享百岁零一，想必生前乐天，身后与天同乐。

叫我如何不羡吴宗济？

遥思吴伯伯大步流星之形影，兴起走笔。仿佛笔于我先，导我首节忆往，次节缀史，三节会意，末节品趣。然皆不过蜻蜓点水，聊“补听缺”耳。续断势连，收尾本节，以娱吴宗济和上文言及诸位逝者在天之灵，亦供世间乐天派一笑而共缅众先贤。

图6　20世纪80年代初
左起：周殿福、沈仲章、周祖谟于周殿福寓所外（沈亚明摄）

作为全篇尾声，再“补”几条“听缺”，连带一建议。

补一，曾接民间文艺研究者询问：沈仲章随刘半农最后一次外出考察所录民歌录音“带”是否保存？我答曰：据父亲，当时用的是蜡筒录音机，音档难以长留。日军入侵北平，父亲急于抢救居延汉简，顾不上其他资料。据闻重组院校时，原在北大文科研究所的不少物品由中国科学院接收。

补二，据吴宗济，刘半农所遗资料大都在语言所，尚未整理。那么，仅我脑中冒出几项，除 1934 年塞北采风，还该有北平多处古乐器测音记录、河南几处乐舞考古、其他地区方言和民俗调查……很可能是一个值得钻探的宝矿。

补三，我曾请人去语言所查询，吴宗济所言“你爸爸用过的”旧物件是否还在，若在希望代拍摄。获悉未丢弃 ——赞乃积德之举；然锁入仓库——猜有复出之“意”？

补四，数年前，我试图将几十年前的录音转为数控音档。问国内多人包括电台音乐节目专业人员，得花不少口舌解释何为盘式磁带，否则均被混同于卡式磁带。由是想起在盘式前，还有钢丝录音机。我家有一两台，幼时还帮父亲理钢丝。再往前，父亲说他第一次碰钢丝录音，还是在北海静心斋听赵元任讲课时。赵元任演示正放倒放录音，用的就是钢丝录音机。当时那台进口设备被视为高级，文科出身的其他听课者不太敢碰，沈仲章有理工科背景，斗胆先拨弄，先掌握这门技术。直到他 1934 年随刘半农出行，北大还没有钢丝录音机……一点一滴，联想到更多旧事与故人，打住不扯开。

最后，提一个建议。并借吴宗济一语，“意见不一定正确”。

受启发于吴文提议“调动力量”重探中国音韵学宝库，我思忖：不知能否参照世界各类博物馆如电脑历史博物馆之先例，建立一个中国实验语音学史陈列室？展览古董“工具”，图文分解“操术”，以先驱照片、事迹、成果、未竟课题……“补”后学之“听缺”？

图 7　前排左起：杨力立，周殿福，吴宗济；
后排左起：孙国华，曹剑芬（中国社会科学院语言研究所语音室提供）

谨呈如上愚蒙杂记随谈，表达对吴宗济先生的景仰和怀念。

参考文献和注释

[1] 简称吴文,《中国语文》1989 年第 6 期，语音学分会 2019 年 4 月 4 日微信转载；承石汝杰见示。

[2] 本文内引号词语若无另行说明，皆摘自吴文。

[3] 那年代学者大都好为人师，看得出吴先生为人热情。我亦恐先示兴趣后又转向，会令前辈失望。而且，我自谓来日方长，年轻宜先开阔眼界。

[4] 张砚田:《记刘天华先生》,《传记文学》1963 年第 6 期。张砚田曾任台湾大学教导长等职。

[5] 参见拙文《周祖谟致沈仲章六函》,《中华读书报》2018 年 3 月 28 日“人物”版。

[6] 参见多种有关刘半农的资料如《刘半农年表》等，虽然不详不全。稍详可参见刘复《天坛所藏编钟编磬音律之鉴定》(《国立北京大学国学季刊》三卷二号,1932年)，以及拙文《1934年沈仲章随刘半农去塞北“考查”》(《新文学史料》2014年第3期）和《父亲沈仲章忆刘半农补遗》(《中国现代文学研究丛刊》2015年第5期)。即将出版的拙文集《众星何历历》有所补正，然仍欠详待续补。

[7] 举我留校后一例：1982年李荣来复旦开会，汤珍珠老师领我和石汝杰去拜会他。汤老师告诉我们，李荣是她的老师。皆知李荣是罗常培的学生，李好像也对我们这么说了。我知道父亲与罗相熟，但没对在场其他人提起。李荣和汤珍珠直到去世，始终不知这层关系。

[8] 距我进复旦30年之后，我才告诉许宝华先生，我认识吴宗济等知名语言学家。他当即惊语:“我怎么不知道?!”

[9] 本文用引号的不同标法，区分“意在声先”(吴引现成用语)与“意”在“声”先(引申用法)。

[10] 同上理，本文区分“形断势连”(吴引现成用语)与“形断”“势连”(引申用法)。

[11] 参见拙文《沈仲章“忆”卫礼贤之佛缘——兼及钢和泰和鲁雅文》,《文汇报》2018年2月9日“文汇学人”。另据Carl Jung（卡尔·荣格)，卫礼贤幸得劳乃宣向他介绍《易经》中的哲学和心理学。

[12] 唐山大学事可参见拙文《沈仲章唐山三部曲》(《传记文学》2017年第2—4期连载)。父亲在北大11年间，一直在北平一个学生话剧团任主演兼导演。又因他主管北大音乐学会，还在北平大学进修男高音，他也常在赵丽莲等策划的轻歌剧中唱主角。

沈亚明　独立学者，现居美国，曾致力于方言、音韵、句法和语义的介面(interface)研究。
E-mail:shen.yaming@yahoo.com

语音格局寄厚望

——永远怀念吴宗济先生

石　锋

一、恩师远去　缅怀无尽

吴宗济先生是中国语言学的百年宗师。他追随赵元任先生，是中国现代语言学筚路蓝缕的早期参与者。吴先生在新中国的土地上艰难起步，重新奠基并发展了语音学，成就中国语音学承前启后、继往开来之功，居功至伟。吴先生个人的音路历程就是中国语言学曲折发展的真实写照。他是中国现代语言学历史的权威见证人。

吴先生离开我们已经九年。我们一直非常怀念他。吴先生那熟悉的身影和音容笑貌时时浮现在眼前，似在循循讲授，似在孜孜求索，似在侃侃述怀，似在谆谆叮咛，似在殷殷期盼。在纪念吴先生诞辰110周年之际，再一次回顾吴先生对我在学术上的启蒙和关爱，特别是在语音格局研究中对我们的支持、鼓励和满怀期待，使我们更加缅怀吴先生。我们要学习吴先生，努力工作，不负先生的厚望。

二、音学启蒙　春风化雨

吴先生是我在学术道路上的启蒙人。1979年，我在中国人民大学的研究生导师胡明扬先生亲自把我和同学廖荣蓉托付给吴先生，在他指导下学习语音实验。从此开启了我们的学术旅程。

那时，我们参加北京大学实验语音学讲习班，有三门课：林焘先生讲汉语语音研究；张家騄先生讲言语声学；吴先生讲的是实验语音学。吴先生家在北京东南的劲松区，到位于西北部的北京大学来讲课，每次都要骑车往返几十里路。他不辞辛苦，讲课轻松自如，旁征博引，循循善诱，把深奥的语音学原理讲解得浅显易懂，还常常加入自己的亲身体验和最新的前沿动态。我们都很喜欢听吴先生的课。

学习期间，我们经常到吴先生家中登门求教。吴先生平易亲和，对我们两个初学者提出的幼稚无知的问题，都给予耐心详细的解答。他帮助我们解决了一个个学习中的疑难，引领我们进入语音学的殿堂。最后我们分别顺利地完成了苏州方言的声调和浊音声母的实验分析，写出了毕业论文。这其中凝结着多少先生的心血！

毕业之后，我常常到北京去看望吴先生，一年至少总要有五六次。每次除了汇报我的研究工作，大都是听吴先生讲最近的研究进展、读书体会、前沿信息。坐在吴先生的书房里听他兴致勃勃地侃侃而谈，情趣盎然、引人入胜。我很喜欢这样每次至少几个小时的学术升华，精神充电。

三、一论格局　增加信心

吴先生最早支持我们进行语音格局研究，否则我们的语音格局研究不可能走到现在。为此我对吴先生充满感恩之情。

早在1986年我在一篇论文中试用T值方法进行声调分析，开始认识到声调格局的表现。当时我对声调格局的概念还拿不准，没有把握，就写信给吴先生征询他的意见，很快就收到他回信，表示支持和赞许。

吴先生写道："格"就是格式，每个声调有什么样的表现形式；"局"就是布局，各个声调的分布，相互之间的关系。声调格局可以概括勾画出一种语言（或方言）的"调貌"，类似于地理学中对于不同地质区使用"地貌"的意义。

我初入学界，哪敢发声，只因有吴先生的回信，我增强了信心。在博士学位论文中分析对比了几种汉语方言和侗傣语言的声调格局。邢公畹先生在导师评语中写道："在学术上是站得住的。"

后来在继续探索语音格局的过程中，曾得到吴先生多次鼓励。先生曾两次当面叮嘱："在学术上抓住一个东西不容易。现在你们已经抓住了格局。一定要紧紧抓住，不能轻易放掉。"

四、二论格局　千斤之益

2006 年 10 月全国语音学会议上，曾安排一个晚上的沙龙由我主讲语音格局。当年 97 岁的吴先生亲临会场，使我非常感动。在我报告之后，吴先生站起来，做了热情洋溢的长篇讲评。以下是我从当时录音记录中摘出的几段。

吴先生说："各种事物都有一个尺度待分的绝对值，但是我们理解的是相对的。比如在大自然中，天气好了，好到什么程度呢？今天是 23 摄氏度还是 32 摄氏度的湿度？去数天上的云朵，说有 100 块是好的，200 块就是不好的？像这种事情是没法说的。我们一辈子都面对着相对的东西。

"今天我们来讲的格局是语音格局。第一，格局现在又推广了，不光在声调方面，元音、辅音也有格局。格局的思想用来调查方言真是太好了。第二，再讲一讲每个人自成系统的问题。系统的观念很重要。语音学不可不去测量。测量这个手段是要有的。但是测量完了，你不能死抠这个东西。也许选 100 次、200 次当中，有 5 个是语言环境不同的，你就没法给它平均。看实验好不好，你不可不精确。精确完了以后，还要认真考虑。比如普通话 i，有人量出它的 F1 为 300Hz，F2 为 2200Hz，如果另外一个人量出了 i 的 F2 为 2300Hz，那怎么办呢？其实这是没有关系的。

"从格局来说，多少多少东西成一个格局，一个格局里包含多少多少东西。比如声调是不是 5 度的问题。加州大学的 Maddison 对世界的声调语言进行过记录，记录了 300 多个语言。其中非洲话里的声调有三格的，有四格的，还有五格的，但是没有超过五格的。也就是说，在声调格局中，5 个格我们就可以辨别语音的高低了。当然说去声是 53、52 也行，54 也行，所以说，5 度值是非常高明的。

"格局的概念可以运用到很多方面，不光是在语言学里，人的品格也有格局，天气也有格局。我们非常佩服格局这个理念到处可以用。我祝贺你们的成功。"

吴先生从宏观的角度，用生动的比喻，从自然界到人的品格，再到人的语言，阐述了语音格局的观念和意义。大大开阔了我们的眼界和思路。一言之助，胜千斤之益。这对我们的语音格局探索是莫大的鼓舞。

五、三论格局　更有望焉

我们在商务印书馆出版的那本《语音格局》想请吴先生作序，又怕影响先生的身体健康。我提议用 2006 年的讲话录音整理作为序言，但是先生执意要"重新写一个"。在 2007 年春节前一日，先生寄来了用电脑打印出来的序言。这是已经 98 岁的老人字斟句酌、炉火纯青的力作。序言非常精练，堪称典范，是言简意赅的大手笔。

吴先生首先用 234 个字回顾了中外语音研究的千年历程："人类对各自语言的语音做较有系统的分析研究的，自古迄今，中西双方各有其方法与成果。中国方面有传统的、当属隋代的《切韵》和守温三十六字母。一直延至近代，凡治音学者多不离其宗。其价值在上世纪三十年代已被罗常培先生评价为：'考古功多而审音功浅'。西方则在十九世纪初，有捷克布拉格学派的音系学，英国琼斯的英语语音学，法国巴黎的国际语音学会的国际音标表，以至欧美声学家的语音声学分析等等，使语音的分析研究达到前所未有的成就。从此中西交流，通过无数学人的努力，中国的汉语方言和民族语言的语音研究，可以说也已达到前所未有的成就了。”

然后阐发语音格局的意义：“人与人之间的对话，正如古语所说：‘言出于我口，入于尔耳’。尽管言者所说的每个音节和声调并不那么‘到位’或规范，但由于人的听觉系统可以对听到的语音进行加工处理，通过大脑的分析、记忆、比较等等功能的综合处理，只要听来的语音‘框架’不差，语境相近，就能被理解。这个‘框架’就称为‘格局’”。

进而讲到格局研究的意义：“语音学的要求是分析的演绎，而音系学的要求是‘框架’的归纳。演绎力求其巨细无遗，而归纳应做到言简意赅。当今的语音分析用各种仪器得到的数据，包括了一切到位的和协同的变体，已尽演绎之能事。但要归纳出一套合理的‘框架’，却不那么容易。石锋教授的著作，包括各种汉语方言和民族语言的调查分析多篇，经过格局的计算，既有语音的演绎，更作音系的归纳，即以‘语音格局’命名，此举在今日同类文献中是付出大量的劳动而有创新意义的。”

最后语重心长地提出殷切希望：“本人在此道中亦曾经过半个多世纪的沉浸，深知其中甘苦，今日乐观其成，愿更进一言。过去的语音学者只从事‘人际对话’的语音研究，今日已进入言语工程时代，语音学者已不得不参加‘人—机对话’研究的队伍。作者如能在此基础上，在不久的将来为汉语语句多变的韵律梳理出‘格局’，更有望焉。”

在书的扉页印着：“献给吴宗济先生百年华诞 一代宗师”。这本书的出版正值先生百年华诞的庆祝会。我在会上把《语音格局》作为礼物献给了先生。先生的“更有望焉”激励和鞭策着我们，全力投入语调研究。《语调格局》于 2013 年出版，作为一束鲜花，告慰先生的期盼。《听感格局》于 2019 年出版，我们的《韵律格局》也已经进入编辑程序，有望明年出版。这将再为先生献上一束鲜花，回报先生的重托。

六、钟情语调　洞察韵律

吴先生一生有两个三分之二：其一是先生的全部论文有三分之二是在 80 岁以后完成并发表出来的。其二是先生的全部论文中有三分之二是研究汉语韵律和语调问题的。吴先生继承和发展了赵元任先生对汉语语调的研究。我们的语调格局探索就是以赵先生理论为基础，汲取中外学者的成果，结合了吴先生的语调单元思想和沈炯学长的声调音域方法。吴先生的语调单元思想是语调格局的主要源头之一。

汉语语调是先生一直念念不忘的课题，他退休后完成的中国社科院老年课题也是汉语语调研究。我们按照吴先生希望，集中全力研究汉语语调。吴先生表示要到天津去，跟我们一起干。考虑到先生的身体，我们十余位南开师生自带板凳来到先生家中，坐在客厅里，请吴先生讲汉语语调研究的方法。最后他还把语调课题研究的报告和今后研究计划都交给我们，叮嘱我们继续做下去。

2006 年全国语音会上，吴先生曾跟我一起坐在会场的侧面，一边听各位的论文报告，一边在纸条上写出评论和阐发。这种笔谈方式别有情趣，先生越写越高兴，我留下来有 18 张字条。其中一张就涉及重要的韵律原理。吴先生写道：“我的结论是：1. 语音要加重，调值必升高。2. 调值升高，语音不一定重。将来如有时间，似可用专文来谈这个问题。”

吴先生的结论揭示出音高和音强之间的非可逆关系，就是一种单向蕴含的不对称性。这是非常重要的一个韵律原则。这是他在一生从事语音研究的大量实践中经过深思熟虑得出的真知灼见：韵律三要素并不平衡，三者并不同步，三者并不等同。这应该是我们研究韵律问题的一个基本立足点。我们非常赞同。很遗憾吴先生没能写出这篇文章。为了完成吴先生的愿望，我们用韵律匹配的实验证据写出论文，并在 2018 年全国语音学会议做了大

会报告:《为什么韵律三要素不同步?》

吴先生有一次讲到应该写一部语法语音学，把所有语法现象从语音的角度进行描写，并且列举出从词语调群到语调韵律的各项内容。这给我留下了极深印象。我们现在从语调格局转向韵律格局研究，就是希望能够把语音跟语义、语法、语用结合起来，分析语句焦点的韵律分布模式，努力实现吴先生的设想。

七、西游宏愿　不枉探求

2003年年初，吴先生把他刚刚出版的自选集《补听集》送给我，我立刻捧读，如醉如痴。书末第五章是诗词选录，有先生的古体近体诗、词、杂赋共数十首。先生早年在清华曾从朱自清先生学诗，从俞平伯先生学词，入室亲炙，深有功底。写诗填词，挥洒自如。遣辞用典，极富文采。其中有一首词:《凤凰台上忆吹箫·寄怀北大实验语音学讲习班结业诸君，用易安韵》。我读后极为震撼。当年这个北大实验语音学讲习班学员有沈炯、冯隆、贺宁基、廖荣蓉、我、首都师范以及其他大学的几位研究生，共约10人。因此读来就像吴先生在对我们谆谆叮嘱，畅述胸怀:

宽聚谐峰；窄分调浪，绘声仪器班头。似书家狂草，铁画银勾。赚得彩鸾心醉，身忖与，寝馈难休。西游愿、于今得遂，不枉探求。

归休。学成致用，喜执新问故、理实兼收。算雪泥鸿爪、图在音留。最是机前纸上，多少遍、耳目穷搜。须记取：薪传南北，莫负春秋。

上半阕从“宽聚”到“难休”，讲的是用语图仪做出宽带和窄带语图，艰难辨识，发现语音奥秘，如得到彩色鸾鸟，虽然废寝忘食，却是乐在其中。这正是吴先生自己学术追求的写照。“西游愿”中的西游，是指1956年，吴先生奉罗常培先生之命，遍访捷克、丹麦、瑞典、东德和苏联五国，有国外同行学者帮助，得到先进的语音实验技术以及很多珍贵文献和技术资料。这为中国已成空白的语音研究奠定了发展的基础，使赵元任等前辈开启的语音实验的事业重新起航。此行犹如唐僧取经西天，意义深远。“于今得遂，不枉探求。”吴先生心中有一个宏愿：中国语音学的春暖花开，百花齐放。

下半阕从“归休”到“穷搜”，讲的是先生理论与实践结合，学以致用的讲课风格。对繁难的语音原理和实验方法，吴先生常常是择其要点，娓娓道来，如数家珍。使我们不知不觉中，已入殿堂。“须记取：薪传南北，莫负春秋。”我联想起有一次上课之前，天气突然变化，北风呼啸，气温骤降，我们都为吴先生担心，希望他这次不要来了。可是吴先生跟往常一样，骑着自行车准时来讲课了。当时的情景一直深深留在我的心中。从这首词中，我深深敬仰吴先生的事业心和使命感。

八、薪传南北　莫负春秋

“吴先生一生对语音学研究始终有着一种执着追求的精神，因此才能够乐此不疲，乐而忘老。”(林焘语)吴先生的研究从“人际”语音学开拓到“人—机”语音学。亲身实践，引领潮流，与中国科技大学、清华大学合作，把语音研究跟语言工程结合，为提高语音合成自然度作出重要贡献。使新中国语音学从无到有，再次起飞，方兴未艾。我们要学习先生，“薪传南北，莫负春秋”。

子曰：“天何言哉？四时行焉，百物生焉，天何言哉？”(《论语·阳货》)吴先生(2007.3.30.)在给我的学生焦立为的信中写道：“我们这一行目前已与言语工程挂钩，有了经济效益，又有新生力量的努力，研究的阵容、内容和质量已经大大超越前一代了。我自觉已是跟不上时代了。回顾我的研究过程，差不多是和上世纪的实验语音学发展的过程同步。我从上世纪三十年代起，应用的录音工具由唱片灌音、钢丝录音到磁带录音；分析仪器由渐变音高管、浪纹计、到X光照相、阴极示波器、到电声仪器、声级记录仪、频谱仪、语图仪、到计算机。我们分析语音的水平从传统的理论——传统的实验到现代的实验——到现代的理论。这些理论到头了吗？**现在的课题已不只是满足于‘语音’的实验研究，而是向‘自然话语’的实验研究进军了。**‘行百里者半九十’，今后要达成理想的成果，恐怕要再搭上一二十年。”（粗体字为作者所加。）

我们多年来推动团队合作的语言实验研究，组织语音学研讨班，近年来又努力组织实验语言学网上直播报告，以及坚持办好《实验语言学》刊物，就是在以实际行动向先生学习，实现吴先生的西游宏愿，向“自然话语”的实验研究进军，使实验语言学事业发展壮大，不断前进。

永远怀念敬爱的吴宗济先生！

石　锋　南开大学文学院，博士，教授，主要研究领域为实验语言学。
E-mail：shifeng@ nankai. edu. cn

情系清华　享受科研

——纪念1934届学长吴宗济110年诞辰

蔡莲红

中国社会科学院语言研究所研究员、著名语音学大师吴宗济先生是清华1934届老学长，吴老对清华母校的感情很深，最后的十几年，他每年一次不落地返校参加校庆活动。虽然他同年级的清华同学已寥寥无几，但他还是和其他年级的学友一起回忆在清华的日子，他要在校庆时到校园里走一走，感受那种特殊的氛围。

2009年，吴宗济在工字厅前与清华大学原校长顾秉林、原书记胡和平亲切交谈（黄文俊摄）

2009年，吴宗济与清华大学校党委书记陈旭、原校长顾秉林、原书记胡和平（黄文俊摄）

吴先生和赵元任女儿赵新那共同主编出版了赵元任《语言学论文集》。吴先生认真负责地审定了全部论文，把赵先生早年用国际音标发表的论文改写成英文，并为论文集写了序。那几年，借校庆返校之际，吴先生会与赵新那教授一起切磋论文集事宜。

吴宗济先生与赵元任女儿赵新那（黄文俊摄）

在 2009 年 11 月 15 日召开的清华大学第 13 次校友工作会议上，吴宗济等 14 位学长荣获“清华校友紫荆奖”。2008 年 12 月 31 日，在校友总会秘书长郭樑一行前来看望之际，已是百岁高龄的吴先生饶有兴趣地谈起了在清华的学习、体育锻炼等，并即兴唱起校歌。他气息平稳，吐字清楚，仿佛把大家带回到了 20 世纪 30 年代那热火朝天的高校运动会现场。

吴宗济先生荣获“清华校友紫荆奖”

清华大学校友总会秘书长郭樑一行前来看望吴先生
（黄文俊摄）

清华计算机系从 1979 年开始语音处理的研究，20 世纪 80 年代吴先生参加语音课题组的技术鉴定会，自此吴先生一直关注课题组的研究进展和成果。吴先生利用参加校庆之际必来计算机系实验室指导工作，他会询问研究生的研究进展，认真聆听语音合成的结果，然后肯定进步，指出不足。一次他在实验室拿着打印的语音频谱图端详，并笑眯眯地说：多美的画面！这让我领略到吴先生对语音学的热爱，对语音现象和本质的深刻理解，他的研究过程就是在享受科研。吴先生几十年潜心治学，永不停顿地投入语音学的研究中，并取得了丰硕的成果。他这种对研究工作的兴趣和热爱值得我们永远学习！

吴先生与清华人—机语音交互课题组师生

蔡莲红　清华大学计算机科学与技术系，教授，博士生导师。主要研究方向是计算机人—机语音交互、语音合成与文语转换、语音语料库，音频基于内容检索等新一代人—机交互技术。
E-mail：clh-dcs@ mail. tsinghua. edu. cn

从“五度制为什么够用”说开去

曹剑芬

摘　要　本文试图从以下几个方面探讨五度制为什么够用：（1）从汉语语音演变的历史进程看声调的发生学基础及语言学机理；（2）从声调与乐律的关系看五度概念的由来；（3）对“5点4等分”及相关概念的理解；（4）五度制够用的理论依据和跨语言研究的证据。
关键词　五度制标调法，发生学基础，语言学机制，乐律，音程，调位，调值

On Yuan-Ren Chao's *Tone Letters System*

CAO Jianfen

Abstract This paper specifies why Yuan – Ren Chao's *Tone Letters System* is sufficiently applicable in tonal transcription: (1) the tonogenetic base and the linguistic mechanism of Chinese tones viewing from the historical process of their phonetic evolution; (2) the source of tonal concept based on the relation between tone and temperament; (3) the understanding of Chao's '4 equal intervals divided by 5 points', and (4) the theoretical and across languages evidence for Chao's five-level tone system.

Key words System of tone letters; Tonogenetic base; Linguistic mechanism; Temperament; Pitch interval; Toneme; Tone value

1. 引言

今天大家聚在这里举行纪念吴宗济先生110周年诞辰语音学传承与创新研讨会。要说语音学的传承与创新，吴先生是我们最好的榜样。可以说，他在语音学领域70多年不平凡的“音路历程”就是极力传承与不断创新的历程，实为我等晚辈后学之楷模。作为中国现代语音学的奠基人之一，吴先生一生传承与创新不断，其中最重要、最典型的就是对赵元任先生声调与语调理论的传承，而且一直孜孜不倦，深耕不辍。直到病危入院之际还谆谆嘱咐我说：“我还有很多想法，恐怕来不及去做了，现在交代给你。譬如，五度制为什么够用？跟实际语气差别有多大?”并鼓励我从源头上去探究，认为“古代必然有声调，虽然到隋唐才开始记载，能不能证明上古就有五度声调？因为这是符合音理的。……要到古文献中去寻找。……还要抓声调来源，它影响辅音、元音，……要好好去发掘”。

今天讲传承，我很惭愧。吴先生离我们远去已经十来年了，而我却拿不出一份像样的答卷。惭愧之余，重温先生的教导，再读先生的文集，才发现，其实这些都是吴先生长期探索的问题，而且许多方面已经得出了自己的结论。今天在这里，想谈点重新学习赵元任有关五度制标调法论述的学习心得，以告慰先生的在天之灵。

显然，本文所说的一些问题和看法，在学界诸多有识之士看来，不过是些常识性的老生常谈而已；但于我或某些同人而言，或许正是需要进一步澄清的模糊认识。

我想，要回答五度制为什么够用，必须首先认清五度制标调法的原理。我这么说，也许有人不解，赵元任的《这套字

母》已经广为国内外语言学界接受和应用，大家早已耳熟能详了。我也自以为已经比较了解；然而，从近些年来一系列的相关讨论来看，不少同人恐怕也跟我一样——或习也不察，或一知半解，以致众说纷纭，莫衷一是。譬如说，对于五度音域分布究竟是否均匀，有的认为应该是均匀的——明明是“5点4等分”么；有的则根据对实际语言的考察，认为无论从线性还是非线性尺度上看，五度调域的空间分布都不一定是均匀的，而且还随语言而异，具有任意性。此外，与此相关的还有对“橡皮带效应”的比喻也存在一些模糊观念。因此，无论从传承还是创新的角度看，对于这些问题还都有进一步深入学习和探讨的必要。

2. 从汉语语音演变的历史进程看声调的发生学基础及语音学机理

早在20世纪一二十年代，赵元任在《中国语言的问题》[1]一文中就指出，“中国语音学的研究必须放在科学的基础上”，科学的基础包含三个方面：首先，它应该是历史的。他认为，无论对汉语的语音历史，还是对西方的语言学史，“在受过教育的人里应该是常识”。其次，它必须是经验的，那就是“清晰的观察和实际用法统计的研究必能提供判断和评论传统观念的基础”。最后，它应该是分析的。那就是“应该熟悉一般生理的和实验的语音学。要运用能准确描写所命名的概念的术语。也要使用能最适合我们所研究的语音的标音系统”。由此可见，研究声调不但需要通过生理、声学以及感知心理等实验手段，对实际语言进行清晰的观察和分析，同样需要追溯和了解语言现象及其演化的历史渊源。

2.1 音调与声调

音调和声调，英语一般都译为tone，都是以客观物理量基频（F0）为基础的主观感知量音高（pitch）的变化。然而，音调（或叫调子）与声调又不是一回事。

首先，凡人类语言，发音产生基频变化，听觉感到音调高低，这是由言语产生与感知的生理和心理的自然机制决定的，天生如此，古今中外，概莫能外。但是，这种变化是否成为具有区别词义功能的声调（lexical tone），则是因语言而异的。所以，我们可以肯定，原始的语言一定都存在音调的高低，但未必都有声调的区别。尽管我们无法确知原始语言的真实状态，但是现代语言并非都有区别词义的声调系统，这可是不争的事实，无须赘述。

其次，现代语言是从原始语言演变发展而来的，假如原始语言本无声调，那么，现代声调语言的声调又是如何演变出来的？这就涉及声调的发生学问题了。

2.2 关于汉语声调产生的发生学资料

2.2.1 汉语声调形成与发展的大致历程

从汉语悠久的历史发展进程来看，声调的别义功能相对于声母、韵母而言是后起的，包括四声概念的确立，调分阴阳、平仄以及调类的分合与数目的多寡等，都经历了错综复杂的演变过程。并且，这一过程跟声母和韵母的演变，尤其是全浊声母的清化密切相关。

（1）上古时期声调意识模糊

从邵荣芬先生的汉语语音史研究[2]反映的情况来看，上古时期声调意识比较模糊，声调不太固定。后来，随着全浊声母的清化①，声调的音系功能也随之逐渐清晰起来，中间经历了漫长的孕育过程。

根据吴宗济先生的考察[3]，汉语之有声调，起自周秦汉初；但由于早期文献大多失传，常被引用的古文献中多为梁代沈约撰《四声谱》，又有同周颙等研讨四声、史称“永明体”的记载，以至于误解为直至齐梁才有四声。吴先生认为，其实汉语早已有了声调。根据之一，周代《礼记》的《乐记》篇已有关于声调的记述。根据之二，清段玉裁的《六书音韵表·古四声

---

① 由于发声类型区别成为清浊对立的主要语音基础，导致声调的别义功能逐渐凸显。关于具体的演变机制分析，参见曹剑芬（2013）。

说》也有考证周秦汉初声调的记载，并且提出了“古无去声”说，认为上古时代只有平、上、入三声；魏晋以后，由部分上声和入声转为去声，才四声大备。根据之三，日本僧人空海的《文镜秘府论》中引述隋代刘善经《四声指归》中《四声论》的论述，反映了许多已经失传的隋唐以前有关声调的记载。

(2) 中古时期已有明确的四声分野

通常认为，《切韵》[4] 所代表的是中古汉语的语音面貌。根据《切韵》音系，可知中古汉语不但四声齐备，而且开始出现平分阴、阳的现象。同时，从日本僧人安然的《悉昙藏》[5] 以及了尊的《悉昙轮略图抄》[6] 两书记载来看，至迟在中古中期就已出现调分阴、阳的现象了。当时日本所借的汉字音平声的读音听起来“有轻有重”①。尤其是《悉昙轮略图抄》抄录整理了此前的日本僧人在中国所学汉语声调的具体描述，在该书的“八声事”部分，已经明确地按四声的声母清浊各分轻重（即阴阳），列为八声。说明早在中古的中期，汉语就不但四声齐备，而且具备了调分阴、阳的语音基础。

2.2.2 *从与古全浊声母清化的密切关系看声调发生的语音学机理*

如上所述，至少从中古中期以来的文献资料佐证来看，与古来声母清浊对立相关的发声状态（phonation type）区别，可能早已触发了声调音区（register）的高低差异，对声调的听感产生了明显的影响，只是最初听起来觉得有些异样但并不影响意义理解而已。尤其像隋代刘善经《四声论》[7] 中关于梁武帝问“何者名为四声”的故事，不同人的答案就有“天子万福”和“天子圣哲”等不同版本，其中第三个字的清浊通用反映出这样一个语言事实：早在齐梁时代浊音的清化就已经相当普遍了，但其原本的音系功能尚未完全让位于声调对立。甚至到了代表中古音系的《切韵》时代，尽管已经四声大备，调分阴阳；但从陆法言在《切韵》[4] 序中的叙述来看，声母清浊与声调阴阳的音系学功能似乎仍然没有明确分野：“以今声调，既自有别，诸家取舍，也复不同。吴楚则时伤清浅，燕赵则多涉重浊。秦陇则去声为入，梁益则平声似去。……欲广文路，自可清浊皆通，若赏知音，即需轻重有异”。

总之，上述这些历史文献资料，不但反映了汉语的声调怎样从模糊印象到明确成为与声、韵母共同承担区别词义功能的发生学过程；同时也为古全浊声母的“清化”机制及演化历程——从原始的声带振动与发声方式特征的同时并存、到声带振动逐渐被发声方式取代的演变过程 [8] 提供了有力的佐证。

2.2.3 *声调调值描写的发展历程*

(1) 古人用乐律上的“宫商角徵羽”五声音阶来模拟声调调值

有意思的是，虽然四声作为声调概念似乎出现较晚，但据古文献（诸如周代《礼记》的《乐记》、汉代许慎《说文解字》）的记载，早在隋唐之前就已经出现采用乐律上的“宫商角徵羽”五声音阶来模拟声调调值了。尽管那时的描摹还是相当模糊的，但已初露声调五度概念的端倪了。

(2) 汉语古文献中的声调印象性描写②

隋唐以后，逐渐出现了对声调调值的一些印象性描写。根据吴宗济先生考察 [3]，最常见较早的记载就是唐代僧人处忠《元和韵谱》的四句歌诀：

> 平声哀而安，上声厉而举，
> 去声清而远，入声直而促。

直至中古中期才有了一些随声母清浊而异的首尾高低和升降起伏的描写，譬如上述《悉昙轮略图抄》的“八声事”部分对长安音“八声”调值的记述：

---

① 《悉昙藏》记述：“平声直低，有轻与重；上声直昂，有轻无重；去声稍引，无轻无重；入声径止，无内无外”。

② 此节所涉古文献资料，多数转引自吴宗济 [3]，不再一一列入参考文献。对所引文献如有理解错误，当由笔者本人负责。

> 平声重，初后俱低；平声轻，初昂后低。
> 上声重，初低后昂；上声轻，初后俱昂。
> 去声重，初低后偃；去声轻，初昂后偃。
> 入声重，初后俱低；入声轻，初后俱昂。

尽管上述这些低、昂、偃、举，仍然还是些缺乏度量概念的印象性描写，但正如吴先生指出的那样，最重要的一点，在于他有了时空概念的描写。这就比较接近于近、现代的调值描写了。

然而，即便是这样的描写，也还不是出自内行的音韵学界。在 20 世纪 20 年代之前很长的时间内，“对于字调的物理性质，中国的音韵家一向只有过很糊涂的观念。多数人不过用‘长短、轻重、缓急、疾徐、高低’……纯乎定性的字眼来解释声调”[9]。

(3) 现代意义上的调值描写

20 世纪 20 年代开始，随着刘复、赵元任、王力等一批接受过西方现代科技熏陶的音韵学家的探索，关于汉语字调的物理性质的认识才逐渐清晰起来，知道“一个字的调值，可以用它的音高和时间的函数关系”来描写[9]。现代意义上的调值描写以及五度制标调法正是在这样的科学认识基础上形成的。

3. 从声调与乐律的关系看五度空间概念的由来

3.1 声调与乐律的关系

3.1.1 声调与乐律的共通性

宫商角徵羽是音乐上的五声音阶，古人之所以采用它来模拟声调，跟声调与乐律的诸多共通性有关。

第一，从生成的角度看，语言与音乐的音高都以声带振动的基频大小为客观依据，声调音高变化之规律跟音乐乐律之确定都取决于发声体状况：人说话的基频大小之变化取决于声带之长短松紧，这就相当于乐律的确定取决于律管①的长度，两者的基本原理是一样的。第二，音乐上以“五声音阶”的不同级音作为主音演奏，虽然会形成不同的乐调或叫调式，但并不影响“五声音阶”区别。同样，一个语言里男女老幼的发音，虽然基频频率迥异，但并不影响各自声调五度空间分布的相对关系，在听感上仍然具有调位区别的一致性。第三，从人耳对音调的感知来看，无论是声调还是乐律，都存在客观频率大小与主观音高高低感受之间的非线性关系，假如以美为单位的主观音高感受提高一倍，客观基频就要提高一倍多[10]。

这就是为什么从刘复、赵元任、白涤洲到罗常培和吴宗济，总是采用音乐上的乐谱来描写语言里的声调的缘故。

那么，为什么不直接采用音乐上的五声音阶来标记声调呢？因为两者既有共通性，又有各自的独特性。独特性就是：音乐乐律的音阶变化几乎是绝对的，而声调的音阶变化则是相对的。

3.1.2 声调与乐律的区别性

(1) 乐律的五声音阶各音级之间大致等距

宫商角徵羽是乐律上五声音阶的五个音级，各级只有相对音高，没有绝对音高。但是相邻两音级之间的距离几乎是固定不变的。根据明代朱载堉发明的十二平均律②，各相邻两个音阶之间的频率比都是相等的，就是 2 的 12 次开方，即 1.059463 的等比级数关系。因此，只要作为第一级音的音高确定了，其他各级的音高也就都确定了。

(2) 声调的五度空间并不等宽

关于声调的五度空间是否等宽，不妨直接看看赵元任先生的明确阐述：“那么标调的法子，我曾提议过用 1、2、3、4、

① 古代最初用来为音乐定“律”的、具有一定长度比例（按照“三分增益法”原则）的竹管。

② 也叫十二等程律，是中国明代音乐理论家和数学家朱载堉发明的。本来根据中国古代律制，在一个八度之内分为 12 个不完全相等的半音，得出的是十二不平均律。为了音乐上的和谐以及乐器演奏的方便，通过把音乐上每个八度音程均分为 12 个半音，从而使之成为大致平均的律吕。

5，虽然不说是do，re，mi，fa，sol，平均说起来可以这么说，平均算是do，re，mi，fa，sol。因为mi，fa是半音；fa，sol又是整音；所以你要这五个大约是同等，那么至少：do，re，mi，fa的高半音（就是fi），sol的高半音（就是si）—— 平均大概那样子。有时候窄一点儿，有时候宽一点儿。”［1］由此可见，用1、2、3、4、5标记的声调五度空间，类似但却不同于乐律的五声音阶。这就可以解除对“5点4等分”的某些误解了。

4. 关于五度制标调法的若干方面

4.1 把音节的基频变化化成调位和调值系统的归一化方法

声调是语音的超音段成分，一个语言里声调的调类就是一种超音段的音位——调位。五度制标调法，其实就是一套把语言里音节的基频变化化成调位和调值系统的归一化方法。

4.1.1 把基频变化化成调位本质上就是对一个语言里全部声调进行“归类”

赵元任早就指出，“音位是一种语言里全部音类中的一类”。“把一种语言里的音化成音位系统，通常不止一种可能的方法，得出的不同的系统或答案不是简单的对错问题，而可以只看成适用于各种目的的好坏问题”［11］。所以，用五度标调法把基频变化化成调位，本质上就是对一个语言里全部声调进行“归类”。既然可能的音位化法通常不止一种，而且由不同算法得出的系统或答案又不是简单的对错问题；那么，把基频转化为五度调位系统的不同算法就可以只看成适用于哪种目的的好坏问题；而“归类”的方法正是适用于语言调查目的的好方法。

当然，一种调位归纳的方法是否准确、是否合适，还得由适用于一定目的的标准来检验。

4.1.2 确保“类”间区分是调位归纳的最高原则

对于语音学的基础研究来说，调查一个语言的音位系统，不可或缺的重要一步就是对声调进行“归类”；至于怎样“归类”，需要考虑的影响因子很多，而最最重要的，就是赵元任在不同场合多次阐述、反复强调的“只要类不混就够”的基本原则。这是调位归纳的最高原则。当然，这绝不是说五度“归类”就可以信手拈来，不需要准确；关键是如何判断一个“归类”方法及其化出的系统是否准确、是否适用。

相信对于从事语音学基础理论研究的人来说，不会不熟悉田野调查基本的也是最最重要的一环，就是必须跟当地人反复核对你的记音，看看根据你的记录模仿的发音是否能获得他们听感的认可。由此可见，判断你的“归类”是否准确、是否适用的权威判官就是当地人的听感。如今有了先进的实验测量和统计分析手段，的确可以弥补传统的、单凭调查人员口耳分辨能力的不足；但是，无论实验测量多么精准，最后也还是要通过群体性的感知试验来检验。

记得赵元任在《一套标调的字母》一文最后，讲述了他如何用这套标调法准确记录和复现62首西藏情歌（歌词录音）的故事，充分说明了“不论是哪套标记法，其实用价值要看它是否能两头使用”的道理——既可训练自己准确记音，又可据此复现所记之音。

此外，检验一种算法或一个换算方案的好坏，除了经由相关语言母语者的群体感知（或其他等效的感知试验）的检验之外，还有一个很重要的方面就是：除了适用于同一方言不同说话人之间以及同一人不同状态下的声调变化的比较之外，还需考虑便于不同语言或方言之间的比较研究。

4.2 关于“5点4等分”

4.2.1 基本内涵

（1）“5点”：代表声调音高的5个等级，作为确定五度空间的参照标度，各点上的数值理论上相当于五个音高区间的中心值。具体如图1中粗虚线右侧所示。

（2）“4等分”：代表五度空间的各度之间音域等间隔。根据赵元任的阐述：“用五点把说话人的音域分成四个相等的间隔，即1低，2半低，3中，4半高，5

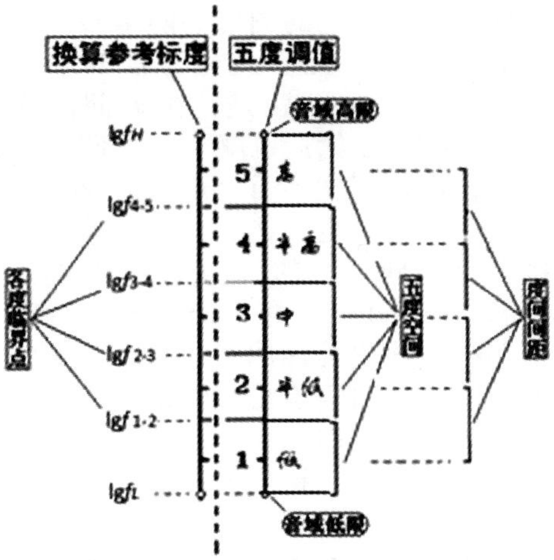

图1 “5 点 4 等分”及五度调值换算图解

高”[1]。显然，这里的“四个相等的间隔”应该是指各度的中心值之间间隔相等，即 1—2、2—3、3—4、4—5 四个间隔的音高音域大致等宽。具体如图 1 最右侧所示。这也许只是基于语言与音乐对音高感知共通性的类比。事实上，赵元任曾经明确指出，“由于言语声调的间隔只是相对的间隔，全程 1—5 只是用来表示言语声调的通常的范围，其中包括逻辑表达的各种中常的变异”。也就是说，“4 等分”其实只是一种归一化的概念。在实际语言里，就不同说话人，或者同一说话人在不同语境下的状况而言，其声调音域分布显然不可能是绝对等间隔的。

4.2.2 关于从基频测量值到五度调值的确定

（1）“归类”的基本原则

从测得的频率值转换而来的数据究竟应该归入哪一度，首先当然依据换算所得的参考标度（譬如图 1 中粗虚线左侧的示例），看它落入哪个音高区间，或者说更接近于哪个音高区间的中心值；其次，但却很重要的一点就是临界数据的处理，这就要从一个语言调位系统的整体着眼，看它归入哪个音高区间才能最大限度地体现该语言的调位区别，这是做过田野调查的人早已熟悉的原则。

（2）从基频值到音高值的换算

这里不论诸多换算方法之优劣高下，只讨论根据什么来计算声调的音域全程，因为在学界，事实上对此存在一些不同看法，涉及怎样理解赵元任所说的“1 度和 5 度作为说话人声调调值的最低限和最高限”的问题。

首先，这里的 1 和 5 是指“声调调值”的最低限和最高限，而不是任何参考标度据以建立的音高起讫点。

更重要的是，1—5 度调值本身就是个抽象的概念，它涵盖了一个语言里不同人，或同一人不同时间声调的五度空间。

所以，赵元任所说的“1 度和 5 度作为说话人声调调值的最低限和最高限”是指说话人声调五度空间中的低音区和高音区，而不等于他的音高音域的下限和上限。这就是为什么白涤州、赵元任等总是根据发音人发所有声调的音高极大值和极小值来确定调域全程，并据此划分五度空间的缘故。图 1 粗虚线左侧所示的换算参考标度就是基于这样的理解。

4.3 关于橡皮带效应的比喻

4.3.1 比喻声调五度空间之间的相对关系

从赵元任《语言问题》一书中的阐述来看，橡皮带效应的比喻，原本就是用来解释声调五度空间之间存在的音高—时长的函数关系（即相对关系）的。兹将原文抄录如下：

> 一个音节里头，带音部分的基音（声学里头所谓 fundamental）的音高（pitch，每秒钟的颤动率）在时间上的函数。就是你画起函数图来：横标往右走是时间幅度，纵标上下算是高低，这样北京话的四声的时间配音高的轨迹就是如附图：

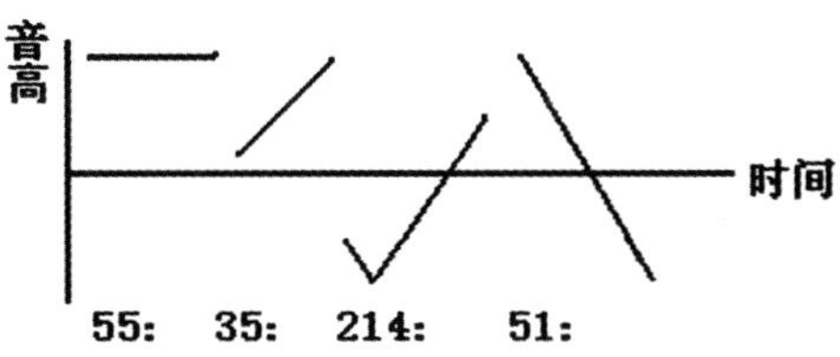

接着，进一步指出：

“声调这种东西是一种音位，音位最要紧的条件就是这个音位跟那个音位不混就够。那么可以这么说：你如果把那个图画在一个透明有伸缩性的橡皮上，你拿它放到没有伸缩性的五线谱上，往上下一拉，范围就大了，那就是又窄又高的；要是橡皮一松，它就恢复普通的[˥][˧˥][˨˩˦][˥˩]，它的范围就小得多了，可还是那四个声调，相对关系还是有的；要是往两边儿一拉呐，时间就长了，那就是又宽又矮的[˥][˧˥][˨˩˦][˥˩]。所以这么拉，是这样子；那么拉，是那样子；这是相对的，绝对没有音乐里的那么严格”。

4.3.2 比喻声调与语调音域展缩的相对关系

同样的道理，在语句中由于语调变化的需要而导致相关声调音域的展缩，也必须遵循那样的函数关系，以在适应语气情态表达要求的同时，仍然保持声调基本的别义功能。因此，音节内是否存在这种音高随时间变化的函数关系，是声调语言跟非声调语言的语调之最大区别。

关于这个问题争议的核心在于：声调与语调音域的伸缩究竟是不是“等比例”的关系。这不仅仅是个理论问题，也是关乎工程上如何处理声调变化的重大问题。对此，曾有过一些学者发文探讨，但看法不一。最近，有人专门为此进行了实验研究［12］，针对赵元任将“语调中最要紧的变化是音程跟随时间的放大和缩小”生动概括为“橡皮带”式的四种调节模式：

（a）↑音高水平整个提高；

（b）↓音高水平整个降低；

（c）↕音高范围扩大；

（d）⨙音高范围缩小。

该文作者提出如下思考：“当音程改变时，字调的音高是否也会发生等比的改变，仿佛橡皮带上的图形会随着橡皮带的伸展而放大，赵元任先生并没有给出答案。我们关心的问题是，在语调的影响下，声调如何变化？也就是说，调域（即音程、音域）变化和每个声调变化之间的关系是不是成一定比例的；如果不是，那么将会是怎样表现的”。并且，根据当年沈炯的思路［13］，假设语调和声调变化之间存在一种“等比例”关系，设计实施了一个检验性的实验研究。结果表明，无论是从每个声调本身来看，还是从不同声调聚合来看，声调和语调变化之间都没有发现“等比例”的关系。

其实，赵元任概括的那四种“橡皮带”式调节模式只是概而言之；在实际语言里，由于多种复杂因素（尤其是音节内部音高—时间函数关系的制约）的交互作用，具体实现方式也不一样。譬如，根据王蓓［14］等报道的相关情况，仅以音高水平整个提高为例，就既有单纯的整体平移式的抬高，也有伴随向上扩大音高范围的方式来抬高，就是通过提高上限而下限保持不变或稍变的方式实现。所以，在实际语言里，语调和声调的音程跟随时间的放大和缩小，不可能是简单的等比例关系。

4.4 关于参照线的左侧与右侧

赵元任关于“一套标调的字母”的设计思想，大家都很熟悉；不过，似乎多半只关注怎样“5点4等分”，而不关注他为什么用“表示声调的简化的音高—时间曲线，附在参照线的左边儿作为调位（toneme）符号，而附在参照线的右边儿作为调值（tone-value）符号”的用意。笔者认为，这绝非偶然，而是出于音位（/音系）学的考虑。这里仅以普通话与常阴沙方言的五度标调的比较为例加以说明。

图2是根据赵元任的阐述，对普通话和常阴沙话声调情况的标记示例。初看这两个各自独特的声调系统，不但调位数目悬殊，而且标调字母及名称差异显著。

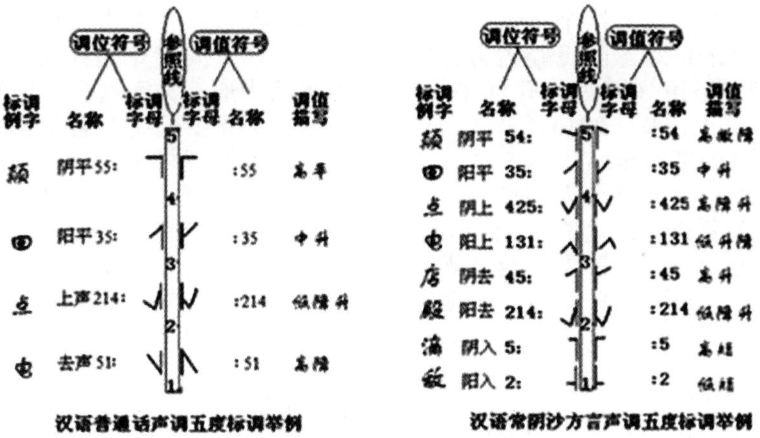

图2 普通话与方言五度标调法举例

但是，如果稍加对照就会发现，在调位符号一栏，无论是标调字母还是名称的使用，两者都存在一些共同的选项。譬如两者都有标调字母˧˥和˨˩˦，都有调类名称“阴平”和“阳平”以及“35:”和“214:”，尽管各自的内涵未必一致。其实，这是历史继承性的表现——现在各方言的调类都是从古来的平上去入四声演变而来，只不过调类数目的多寡、各自分合演化的层次及途径各异，具体调值更是今非昔比。通常，调位范畴的演化相对缓慢，故历史继承性比较清晰、系统，调类的数目也相对有限；而具体调值的演化存在着显著的方言差异，犹如跟某个音位对应的音值变化错综复杂（譬如全浊声母古今语音特性的变化）那样，同样名称的调类在不同方言里就有不同的语音实现。所以，声调的调位符号“应该是独立于方言之外的”［15］。譬如上述示例中同样的调位名称“214:”，在普通话里标记上声调类，而在常阴沙话里则标记阳去调类。

由此可见，采用同样一套标调字母及其名称，分别作为调位和调值符号放在参照线的左侧和右侧，所要表达的并不是调位和调值之间一对一的简单对应关系，而是具有语言普适性的抽象符号与具体语言驳杂多样的调值之间的一对多或多对一的关系。譬如上述示例中的调符˨˩˦或者“214:”放在参照线左侧既可代表普通话第三声的调位符号，也可作为常阴沙话里第六声（即阳去）的调位符号，这是一对多的关系；而当把它移到参照线右侧之后，则又表示不同语言里的不同调类也可能具有相同的调值，这是多对一的关系。

正因为有这样一套独立于语言或方言之外的、适用于标记不同语言或方言声调的国际音标，我们可以在统一的科学术语框架内，对任意两个或几个声调语言和方言的声调进行系统的比较研究。这样，不但有助于厘清彼此之间的历史对应关系，而且有利于清晰地认识彼此的共时对比情况。

5. 五度制够用的理论依据和跨语言研究的证据

赵元任先生既是著名的音乐大师，又是著名的语言学大师，五度制的创建是建立在他深谙乐律以及熟知古今中外诸多语言事实的坚实基础之上的，因此，他认为声调空间一般不超过五度绝非出于偶然。

5.1 跨语言研究的证据

许多跨语言的研究（譬如，Maddieson，1978［16］）表明，世界上的声调语言所能容纳的平调①一般不超过三个；随着语言资料的不断丰富，这个认识也在不断修正。尤其是来自对不同民族语言材料实验研究的诸多报道（譬如，孔江平等，1992［17］；Kuang, J.，2013［18］）表明，同一语言里的平调至多可达5个。这些跨语言共现的语言现象令人深思，尽管尚不清楚这些现象背后的生成机制，但至少说明声调的五度空间设置是具有客观的语言事实依据的。需要进一步探索的就是这些现象背后的理据。

5.2 若干理论依据

从现有的认识来看，五度制之所以够用，一方面是由它的自然特性决定的，那就是不但人的发音生理决定人发音的音高音域有极限，而且人对音高等级差异的范畴感知能力也有极限。另一方面，那是由语言作为思维和交互工具的社会特性以及大脑的神经认知机制决定的。

5.2.1 人类语言自然特性的制约

（1）人类发音器官能够发出的乐音音高具有生理极限

犹如国际音标中的元音、辅音的数目是有限的一个道理，那是取决于人类发音器官可能发出的自然类别的限制。同样的道理，人类发音器官能够发出的乐音音高应该也是有共通的生理极限的。通常，就一般人说话时的基频范围而言，为100～300Hz，男人较低，女人和儿童较高些。即使在歌唱的特殊情况下，男、女、童声发出的乐音音高也是有极限的。

（2）人类耳朵对乐音感知的等级区分能力都有极限。譬如乐律上的五声音阶，十二平均律都是东、西方先后发现的，这种认识上的一致性，实际上反映了人对音高等级差异的范畴感知能力的共同极限。

由此可见，五度标调法作为一套标记声调的国际音标，其语言普适性是以人类言语产生与感知共同的自然特性为基础的。

5.2.2 人类语言的社会特性及神经认知制约

首先，从一般语言学角度看，音节内部这种相对不变的音高与时间的函数关系，是一个声调语言内部音义关联关系网络的一部分，它是由各该语言社会群体约定俗成、共同遵守的社会契约，否则彼此就无法沟通。关于这一点自不必多说。

更为重要的是，若从言语生成和感知的生理和心理机制角度看，这种语言社会内部公认的音义关联关系，是由人类共通的大脑神经认知机制决定的，也就是说，是建立在共同的神经认知基础上的。

现代语音学研究表明，人类能够发出两千多个不同的音素，然而在一种语言里大多也就用到几十个音位。根据“音位负担量恒定假设”［19］，这并不是偶然现象，它反映了人的大脑利用语音的认知能力：“音素代表人类发音器官的进化能力，而音位代表人类语言系统音义结合的认知能力”。声调调位是一种超音段音位，五度制之所以够用，应该也是基于这样的认知音位学原理。声调的五度极限可能跟大脑神经网络处理音义关联的认知能力的极限有关。

前些年，在讨论言语工程上（尤其是语音识别）关注的“声学不变量”的问题时，曾经有过类似的讨论。笔者认为，寻找声学不变量的实质，就是搞清楚大脑怎样实施“不变的音系学感知”跟多变的发音实现之间的匹配机制，就是寻找它们之间“相对关系上”的“不变性”［20］。我们眼下讨论的问题也属于这一类。一个语言里声调的调位区别是整个音位区别系统的一部分，也是反映复杂多变的语音声学信息与“不变的音系学感知”之间“相对关系上”的“不变性”。所以，笔者以为，五度制标调法的创建正是以此为理论依据的。

那么，诸如此类“相对关系上”的“不变性”究竟来自何方？或者说，究竟是什么东西确保了这种音系学范畴感知的不变性？这就不得不深入到人类言语生成

① 平调level tone既可指一种声调调形，也可指一种声调类型。此处的平调并非仅指一般意义上调形的平曲，而是指一种调型，一种主要以音区特征为主的声调类型，也叫层级调。英语称为level tone或者register tone，跟曲拱调contour tone相对。

的神经认知机制层面去探索了。或许，这正是神经认知语言学取代传统认知语言学而蓬勃兴起的内在机缘吧。

参考文献

[1] 赵元任：《中国语言的问题》，刊登在《中国留美学生月报》1916年5、6月号上。
[2] 邵荣芬 ：《汉语语音史讲话》，天津人民出版社1979年版。
[3] 吴宗济 ：《汉语声调研究的两个发展阶段：一千四百年/七十年——为刘复大师百年诞辰纪念而作》，在“刘半农及其文化遗产国际学术讨论会”上的报告，1991年。
[4] 陆法言 ：《切韵》，601年。
[5] 安然 ：《悉昙藏》，880年。
[6] 了尊：《悉昙轮略图抄》（根据日本《大正新修大藏经》84卷2709，《悉昙轮略图抄》卷一，“四声事”）
[7] 刘善经（518—618）《四声论》（根据日僧空海著《文镜秘府论》）。
[8] 曹剑芬：《汉语古今声母与声调演变关系一瞥》，在2010年海峡两岸传统语言学研讨会上的报告，修订稿刊载《历史语言研究》第五辑，商务印书馆2012年版。
[9] 赵元任：《中国言语字调底实验研究法》，载《赵元任语言学论文集》，第27—36页，1922年。
[10] 吴宗济：《从声调与乐律的关系提出普通话语调处理的新方法》，《中国社会科学院语言研究所建所45周年纪念文集》，商务印书馆1996年版。
[11] 赵元任：《音位标音法的多能性》，《赵元任语言学论文集》，第668—752页。
[12] 秦鹏：《赵元任“橡皮带”效应的实验考察》，《中国语文》2019年第1期。
[13] 沈炯：《北京话声调的音域和语调》，载林焘、王理嘉编著《北京语音实验录》，北京大学出版社1985年版，第73—130页。
[14] Wang, Bei（王蓓）, et al. 2000. The pitch movement of word stress in Chinese, *Proc. of ICSLP'* 2000, Beijing, Oct. 17-20.
[15] 赵元任 ：《语言问题》，商务印书馆1980年版。
[16] Maddieson, I. 1978. Universals of tone. In J. Gerlinberg et al. (Eds) *Universals of Human Languages*, Redwood: Stanford University Press. pp. 335-365.
[17] 孔江平：《紫云苗语五平调系统的声学及感知研究》，载马学良主编《民族语文研究新探》，四川民族出版社1992年版，第156—163页。
[18] Kuang, J. 2013. The tonal space of contrastive five level tones. *Phonetica*, 70, 1-23.
[19] 孔江平：《认知音位学的理论与方法》，载《中国语音学报》第10辑，中国社会科学出版社2019年版。
[20] 曹剑芬：《关于“声学不变量”的若干问题》，《第十一届人—机语音通讯学术会议（NCMMSC'2011）论文集》，西安，2011年。

曹剑芬 中国社会科学院语言研究所，研究员。主要研究领域为方言音韵的实验研究、语言的韵律与语音的变化、言语产生和感知的基础理论研究及其在语言教学和言语工程中的应用研究。
E-mail: jianfencao@163.com

基于智能语音系统的声调研究

祖漪清

摘　要　相当数量的声调语言或方言在濒危情况下尚未得到足够的研究和记录，由于语言资源受限且十分依赖专家人力，相关研究很难在大范围内快速深入推进。以单字或单词为主的分析语料限制了声调对立出现的环境，但连续话语中诸多因素共同作用的复杂语境则令人望而却步。语言研究应该利用人工智能技术。上海话声调归纳、藏语拉萨话声调最大对立环境的挖掘实验证明语音合成系统可以支持声调研究，并且可以验证研究结果。多个语种的同步开发为不同语言之间提供相互参考和启发，并支持更加深入的语言探索。

关键词　调位；调类；调值；连读变调；变调域；声调语言；语音合成系统

Tone Studies Based on Speech Intelligence Technology

ZU Yiqing

Abstract A considerable number of endangered tone languages and dialects have not been sufficiently documented, while the lack of resources has limited the studies on a large scale. The analysis based on single character or word restricts the environment in which tone contrast occurs. While complex variances in continuous speech obstruct the extraction of underlying tone features. It demonstrates that AI technology can provide a platform for conducting linguistic studies extensively. In this study, the experiments on toneme analysis in Shanghai dialect and tone function exploration in Tibetan Lhasa show how well the speech synthesis system can help by providing cross references among different languages or dialects.

Key words Toneme; Tonal category; Tonal value; Tone sandhi; Tone Sandhi domain; Tone languages; Speech synthesis system

1. 引言

汉语声调是指落在对应一个汉字读音上的音高变化。本文中讨论的声调语言仅限于汉语方言、部分少数民族语言、部分相邻的东南亚语言这个区域，而同属该区域的日语、韩语等声调性质不同的语言不属于本文讨论的范围。汉语普通话声调的四声分类和调值概念十分明确，并在语音合成系统中得到了应用和证实，但是在一些声调研究尚不完整的语言或方言中，现有研究资料还不足以支持任意连续话语的语音合成系统的开发。以孤立词为主要研究对象得出的结论进入连续话语后需要重新得到验证。汉语方言、藏语等声调语言的声调调位及连读调等基本问题有待于进一步的研究和梳理。

藏语拉萨话、藏语安多话、泰语、越南语、日语、韩语、上海话、苏州话、粤语、闽南话、潮州话等语言和方言等多语种音节显赫语言的语音合成开发经验表明：语音合成系统需要语言知识的支持，系统优化则是更新知识的过程。从这个意义上说，语音合成系统又是一个理想的语言研究平台。一个语言或方言的声、韵、调结构，以及和连续话语句法结构相关联的韵律结构等诸方面语言学研究问题，都可以通过修改语音合成系统的知识输入优化系统，最后通过合成效果验证得到挖掘。

笔者在本文中以声调研究为例说明通过语音合成系统的优化过程，在连续话语环境中进行一个语言的声调调位归纳和声调功能的挖掘方法。

2. 语音合成系统的初始声调知识

众所周知，声调的变化来自底层声调和语调的共同作用。正是由于底层调位和语调叠加的关系，一些资源受限语言的归纳结果难免存在偏误。

2.1 声调调位

在一个语言或方言中，存在对立的声调集合对应调位集合。归纳调位的核心问题是获取声调对立。调位反映了音节的区别性，具有音位意义。

在调位归纳的过程中，判断声调是否相同的主要依据通常是语音的听辨和感知。在相同条件下，听感上音高不同、产生对立关系的声调分属不同的调位。一个语言或方言的母语者基本具有区分调位的能力，但往往不能说出其所以然。确定声调对立的传统方法是采用字表，由母语者朗读，经专家听辨、和母语者交流、归纳后得出结论［1］，在单音节条件下归纳出的声调被称为单字调。由于缺少语境，不少单字在孤立环境下无法朗读，因此越来越多的学者采用单词代替单字进行声调归纳［2］。

2.2 连读变调及变调域

连读变调是连读调的一种形式，指两个或两个以上音节在连读的时候，由于受前后音节的影响，有些音节的声调会发生变化的现象。由于连读变调的存在，单词比单字提供了更大的对立环境。进入连续话语，声调变化则更加复杂。

连续话语中的变调也可能会产生单字调以外的声调变形。相同调类的声调在不同的环境中可能调值不同，调值的不同又可能引起人们怀疑是否会产生了新的调位。

和连读变调相关的另一个问题是变调域（或称变调辖域）的问题［3］。研究表明变调域和韵律词相关［4］。结合句法结构分析变调［5］将会给出更多启发。对连续话语语音合成而言，韵律结构及变调域的预测是一个难点。连续话语中数量有限、高频出现的虚词或称功能词的声调往往不符合连读规律，多以轻声或弱读的方式出现。

3.1 声母、韵母的随伴效应

声调的声学表现和音段特征会存在相关性，例如声调特征与主要由喉头控制的特征如浊化、送气、喉音化、气声化［22］［23］等有着紧密的关系，喉部控制的特征不仅会影响音段，也会影响声调。在一些语言或方言中，音段的清浊决定了声调起始点的高低。人们普遍认为，随着语音演变，如果清浊对立的消失被声调的高低替代，这时声调的高低就形成了对立，声调高低便具有音位性质。同样韵母的舒、促也影响了声调的走向，舒声韵母通常具有较长的时长，并微微上扬，而促声韵音节会因闭塞音韵尾戛然而止，并因此失去了上扬的机会。

例如，南方方言中存在入声，例如潮州话阴去定义为 212，阴入定义为 21［24］，入声的塞音尾缺少了声调向上微扬的一小段。

在这类情况下，声调由声母韵母区分了，属于冗余信息。是否有必要将对立的声母、韵母情况下的声调定义成两个对立的声调调位值得商榷。

3. 初始声调知识的局限性

非通用语言声、韵、调结构的分析通常会受到母语发音人的语言能力、与母语合作者沟通的通畅性等资源的限制。另外，在孤立环境下分析单字、词，确定基本声调调位及其调值，难免会发生偏误。偏误可能来自如下方面。

3.1 声调感知的误差

声调的对立首先是通过感知获得的。但由于感知是一个主观量，研究人员始终追求通过声学客观分析加以辅助。刘复的四声实验［6］开汉语声调研究声学分析之先河，他通过基频曲线分析声调调值，分析声调区别性的声学特征。将基频 Hz 值转换成半音、T 值等对数值的目的是建立起声学特征和感知的关联，刘俐李对此给出了全面的综述［7］。

毫无疑问，声调的声学特性和感知之间是相关的，但并非一一对应。母语者受范畴感知的制约对基频曲线上声调的关键部分十分敏感，而其余部分似乎被掩蔽了。而受过专业训练的非母语者在判断声调时不一定能在声调上捕捉到表征调位的关键信息，但可以感受细节。研究声调需要声调范畴的感知和变化细节的感知相结合。

调值确定的主流记录方式是五度值标调法［8］。赵元任当初建立五度制时曾提出过二四制的限制，即为了避免区分过细，第2点与第4点，要么独用，要么两者同用，但不能与第1、3、5点同用。例如，听起来既可以感知为31也可以感知为32的就尽可能记成31，除非那个方言里存在31这个调值。但是后来包括赵元任本人在内的声调研究者都不太这样坚持了［9］［10］。为了表达声调的特征，王士元在分析声调的音系特征［11］时，也提出了声调分类不应过细的看法。声调的过细处理会引入其他因素干扰，最终影响调位的确定。但是如何把握是否过细需要从声调对立的角度去判断。

3.2 声调对立环境不充分

陈保亚等认为研究声调对立需要确定最大对立环境［12］。陈保亚、张婷根据平罗方言的两字组在后字是去声时，上声和其他调出现的对立，确定平罗方言四个声调的最大对立环境是去声前存在四个对立。这个语言现象表明单字环境只提供了有限的对立环境。声调最大对立环境可能发生在双字组、多字组，甚至更大的范围。

如果说两字组是比单字更大的声调对立环境，那么连续话语将提供更广泛的对立环境。一些语言需要词汇层面以上的句法对立环境，例如藏语拉萨话，形态相同的两个音节，由于句法功能的不同，或形成连读调，或不发生连读。因此只有连续话语才有可能提供更完备的对立环境。

3.3 语调的影响

语调是话语中语音单元高低、轻重缓急配置而形成的基频变化，它的语音描写包括了间隔（break）和与强调（emphasis）两个方面。语流中落在不同语调位置的相同声调具有不同的声学表现，即赵元任所说的“大波浪”和“小波浪”的关系［13］。

汉语普通话零声母孤立音节的基频起始部分和结尾部分都存在形如弯头降尾的扰动［14］。弯头、降尾包括两个意义。其一是由于惯性作用，声带振动的起始和结束不可能从零突然到达某个声调值，也不可能从某个声调值突然结束为零。这种起始和结束的变化会造成声调在音节两端发生过渡性变化；其二是一个孤立音节，其声调表现仍然是声调和语调的叠加，具有相同调值的声调在孤立音节和语句中因语调的存在而不同。

有语调就会出现边界调［15］。普通话上声在孤立音节环境下的调值被认为是214，在连续话语中上声几乎都是低调，很难看到214的调值。有研究认为上声的本质是低平调［16］。在确定声调调值时，语流中上声的低调和孤立音节情况下的214被定为相同调位。处于语句不同韵律位置下发生的不同调值是否应当归为不同调位，或者说调值差异大到什么程度就可归为不同调位，这个问题在汉语方言中还有更复杂的表现，需要进一步的探讨。

人们观察到的声调是底层声调和语调平行进行编码的结果［17］。语调特征主要包括：句型的区分造成整体基频曲线的下降或上扬；在语音内容的焦点位置和弱、轻读造成的声调调域扩张或收缩；不同韵律层级的边界调位置对应的边界调；说话人心态和情感表达引起的发音力度改变［18］；在边界音节上还会产生基频变化的附加成分以表达某种强调情感［19］；新话题的出现也会使语句句首成分的调域增大［20］。

由于语调的影响，在话语的不同位置，不能简单地以五度论高低。

4. 基于语音合成技术进行调位分析

当前，语音合成技术包括两条路线，一条是当前流行的端到端的合成方法，例如 Tacotron 技术［21］，这种方法的输入是文字，通过编码、解码可以直接输出声音（wav）。对于一些语言，利用 10 小时左右包括文字内容的语音数据，就可取得较好的合成效果。但是在端到端的语音合成路线下，合成错误很难得到追踪和修改。同时对于一些资源不足，或者分词歧义、文本和语音同形异音现象复杂的语言，在不加任何处理的情况下端到端的合成方法并不能给出理想的效果。

语音合成的另一条技术路线是传统的合成方法，系统需要包括字音转换、分词、韵律预测等文本分析在内的语音全面解析。在传统的语音合成路线下，语言学的支持不可或缺，但是人力成本较高。当语音合成发生错误时，开发者可以锁定错误发生的环节并加以修正。

提供正确的声调调位集合是声调语言语音合成的基本需求，而每个调位的声调曲线形状却可以通过统计模型训练获得。汉语方言，特别是连读变调复杂的南方方言、藏语等声调语言的声调问题仍存在许多未知，因此这些语言的现有声调知识并不能很好地支持语音合成的实现。在语音合成系统优化的过程中，可以加深对这些语音声调的认识。

4.1 多语种语音合成平台

声调研究可以使用如图 1 所示的科大讯飞多语种语音合成系统，该系统包括文本分析和语音合成两大模块。

文本分析的主要内容包括字音转换（Letter To Sound，LTS）、分词、韵律结构预测等，对于声调语言，由于一些语言存在连读变调现象，分词之后需要进行变调域进行预测，之后再进行韵律结构预测。当前系统韵律结构包括韵律词、韵律短语两个层级。

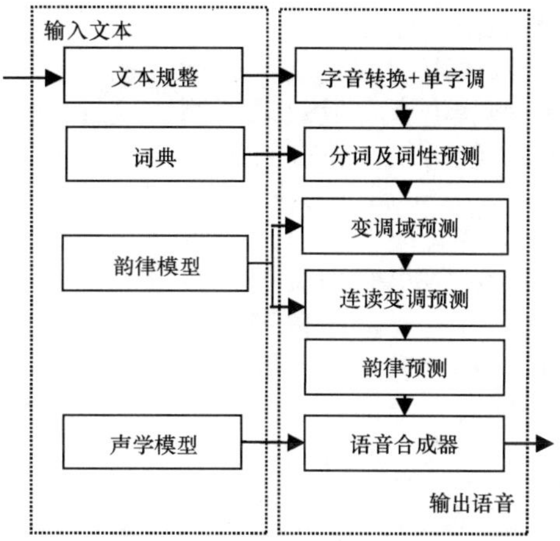

图 1　iFlytek 多语种声调语言语音合成系统框架

语音合成系统包括声学模型和语音合成器等。语音合成模块利用文本分析前端得到的上下文属性，通过训练得到的声学模型进行声学参数预测，最后通过参数合成器合成出语音［22］。问题集在声学模型训练时发挥了指导作用。语音合成系统采用了 HMM，其拓扑结构采用了 5 个状态、自左向右无跳转的方式并基于最大似然准则进行模型训练。声学模型包括频谱、基频（F0）的自然对数和时长模型，参数是 41 维 LSP 与 F0 参数及它们的一阶、二阶差分，其中基频和时长模型都和声调极其相关。经过迭代训练声学模型，训练准则是使语音数据库中通过声学模型生成的合成语句和原始句子之间误差最小。

用于训练声学模型的录音数据采样率是 16kHz 采样、量化精度是 bit 的 PCM 格式。经人工调整后的音素切分、声调标注和韵律标注用于声学模型的训练。关于声调的问题集是关于当前声调以及前后声调、当前声调在韵律结构中的位置等。

4.2 确定声调调位的方法

资源受限语言的声调存在大量问题需要进一步求证，只有认清了基本调位、连读调、连读变调以及功能，才能获得正确的语音合成结果，否则合成语音的可懂度都不能得到保证。

修改声韵调定义、进行数据标注、训练模型、语音合成效果评测，这样的过程通常要经历很多轮次的迭代。

4.2.1 基于调位的声调标注

语音合成音库通常是由一个标准发音人朗读的数小时连续语音数据。语音合成音库内容需要基本覆盖该语言或方言的全部具有对立意义的音位和调位及其变体。

面对一个语音规律尚未被完全揭示的语言，开发者通常会寻找声调研究的现成结果定义初始调位。连续话语中的连读变调标注是数据处理的难点。基于孤立词总结出的变调规则在语流中往往会发生例外，标注人员需要面对复杂的语音环境区分协同发音和声调底层的表现，同时还会遭受变调域边界确认的困扰。对于变调复杂的语言，声调标注比音段标注更加棘手。对未知问题通过标注进行分析是一种研究手段和知识传达。

除上述问题之外，我们还需要考察发生连读变调后是否会产生新的调位，以及在复杂的连续话语环境中如何挖掘声调对立。这时不同语言或方言的相互参考会发挥无形作用。在连续话语中，不同对立环境中的声调会受到诸多影响，例如字调、词调、语调、所处韵律结构位置等。在保持文本分析和声调表现之间的匹配度的理念下建立标注规范，是数据描写逼近正确方向的基本保障。

4.2.2 语言知识问题集指导声学模型训练

如前所述，多语种声调语言语音合成系统使用的音素集合和声调集合，对应具有区别意义的音位和调位。音节显赫语言的音素集合是一个语言的全体声母和韵母。语调因素可以通过声学模型训练问题集进行模型的决策分类。问题集的内容涉及声调环境、音段环境、韵律环境、焦点、句型等。基频模型的根节点就是基本调位产生的基频模型，通过遍历所有问题，进行尝试分裂并计算得分，取得分最大的问题作为最终分裂问题，对分裂后的节点重复以上操作，依据MDL准则直到所有叶子节点不能分裂为止。

4.2.3 系统评测

合成语音评测的错误分析是修改声调调位定义及其他相关的语言标注的导向。经过多次反复，不断优化声学模型以及相匹配的文本分析，合成语音性能将不断提高。系统测试包括两个阶段：系统诊断和综合评价。

系统诊断的重要内容是错误分析，内容包括声韵调读音的正确性、音色是否清晰、韵律处理是否可以接受。通常由母语者指出问题，工程师进行分析，确认问题所在并修改字典、词典、标注内容、规则、模型等多方面内容。评测的基本原则是使用开放的测试文本，以便充分暴露问题。测试者最容易发现的是当前系统存在的最主要的问题。当一个问题解决之后，就会暴露下一个问题，经过多次修改系统，直至极少出现不可接受的合成错误。语音合成效果就是在这样的过程中获得了提升。

语音合成系统综合评测通常采用MOS评测。综合MOS包括5个分数档，最高分5分相当于专业发音人的水平，3分相当于及格水平，达到4分相当于超过大多数普通人的发音水平。对于源受限语言，4分是一个比较难达到的水平。在系统诊断的不同阶段，配合进行综合MOS评测，将当前系统和上一个版本系统进行对比。MOS的绝对分值具有主观性，但是两个系统的对比能够说明一定问题，每一次MOS提升后更新的系统被作为新的起点。

5. 实验结果

到目前为止，经历上述过程，一批多语种语音合成系统正在接近或达到MOS4.0的水平，也就是正在向当前汉语普通话语音合成的水平发展。

汉语普通话语音合成的声调处理经验表明：语音数据的声调标注只需要标注基本调位，语调等其他因素可以通过韵律标注加以区分。下面两个例子可以说明语音合成系统是如何帮助声调研究的。

5.1 声调调位规整——上海话

现有研究结果指出上海话共有 5 个调类，对应的孤立音节调值分别为：53（阴平），34（阴去），23（阳去），55（阴入），12（阳入）。

有研究将上海话连读变调解释成首字的字调扩展到整个变调域［23］。在实际操作时，音库的声调标注需要将声调调位落实到每个音节。

上海话现有研究结果［24］［25］提供了从单音节到五音节各位置的声调调值，共计 10 个调值（见表 1），表中虽然没有包括窄式变调情况，但是由窄式变调发生的调值也在 10 个调值之内。表 1 的内容基本满足连续话语的声调标注的需求。

表 1　　上海话现有资料声调 5 度调值方案

调类	单字调	变调域首	连读变调域非首
阴平	53	55	55，44，23，33，22，21
阴去	34	33	
阳去	23	22	
阴入	55	33	
阳入	12	11	

上海话语音合成基线系统的声调是按照表 1 的方案对音库进行标注而建立的。

每一次声调归整实验，都是限定在其他条件不变、修改一个声调调形后进行合成效果对比评测。新系统的 MOS 得分优于前一个版本或和前一个版本效果持平，是确认修改、再进行下一轮声调归整的必要条件。

由于声调规整实验仍在进行中、尚未确认上海话声调调位时，我们认为在连续话语中使用 5 度值代表声调调值并不合适，故使用能够反映区别意义的调形进行声调标注。表 2 给出了目前的归整结果，10 个调值被简化成 5 个调形。其中多音节变调域首音节表现为高（H）、中（M）、低（L）三个平调；变调域非首音节只有高低两个调形；而在连续话语中，单音节变调域只有高、中两个平调；多音节变调域末音节、句末位置有升（R）、降（F）两个调形；总共 5 个调形。

表 2 还告诉我们，相同调类的声调在不同韵律位置上表现出的调形十分不同。相同调类在句末（或短语末）和句中调形呈现了明显不同，并且尚无证据支持而这种调形差异来自边界调的影响。如果调位应该由调形决定，调类和调位在概念上确实存在差异［26］。

表 2　　上海话声调调值新方案

调类	变调域首	单字域	句末、短语末	连读变调域非首
阴平	H（55）	H（55）	F（53）	H（55） L（11）
阴去	M（33）	H（55）	R（24）	
阳去	L（11）	M（33）	R（24）	
阴入	M（33）	H（55）	H（55）	
阳入	L（11）	M（33）	R（24）	

10 个声调调值降至 5 个声调调形后，上海话语音合成系统的 MOS 评测分数持平。我们可以判断上海话 10 个声调调值包含了语调成分。

由于篇幅限制，本节讨论不涉及上海话窄式变调问题［25］。

5.2　声调最大对立环境挖掘——藏语拉萨话

既然声调的功能是辨义，获取所有对立环境才能提供完整的声调调位。

汉语普通话的声调几乎在所有情况下都是对立的。为了区别于其他声调，每个声调所对应的声调调形都会基本保持完整。在我们研究的声调语言中，藏语拉萨话的声调对立功能比较特殊。

藏语拉萨话声调和声母、韵母存在很强的相关性（见表 3），声调属于冗余信息［27］［28］。藏语的声调正处于演变过程之中［29］［30］。

表 3 给出拉萨话声调在绝大部分情况

下声调调形。现有文献指出，按照四个声调调形的定义，连读调只发生在两音节上，并且只有5种词调形式。绝大多数拉萨话单词是两字词，虚词基本读成低调。这样两音节的词调规则就解决了大部分连续话语的声调问题。表4给出了两字连读规则（表3、表4的分类与现有文献有所不同）。

藏语拉萨话声母分为高调和低调两类，高调声母通常和历史上的浊声母相关，低调声母通常和清声母相关。韵母分为三类，第一类韵母是以l，m，n，ng，r为韵尾的韵母，第二类韵母是以s，d，ms，ngs，b，bs，g，gs为韵尾的韵母，第三类韵母是单元音韵母。韵母1、2的韵尾符号是对应藏文字符的拉丁表示。在单音节情况下，藏语拉萨话声母韵母搭配后共形成高（H）、低（L）、升（R）、降（F）四个调形。

表3　藏语拉萨话单音节声调调值

	第一类韵母 L，m，n，ng，r 韵尾	第二类韵母 s、d 韵尾	第三类韵母 单元音
高调声母	H	F	H
低调声母	R	L	L

表4提供了藏语拉萨话两音节变调规则。表中列出前、后音节声母、韵母类型和组合后的声调调形搭配，共计五种组和：HH、HF、LR、LF，LH。

表4　藏语拉萨话两音节声母、韵母搭配和变调模式

前音节		后音节		声调组和
声母	韵母	声母	韵母	
高调	所有韵母	高	1，3	HH
		低	1，3	
		高	2	HF
		低	2	
低调	所有韵母	高	1	LR
		低	1	
		高	2	LF
		低	2	
		高	3	LH
		低	3	

拉萨话语音合成系统经过分词确定变调域，在表2、表3的声调规则支持下生成的合成语音的声调并不能达到理想状态，其中声调预测正确率很难提升，长期徘徊在85%—90%。

通过大量输入语料进行的系统诊断，我们终于发现，藏语拉萨话声调功能和句法结构密切相关。在一些形态相同而句法功能对立时，发音人就会利用声调进行区分，这一现象被称为同形异音［31］。藏语同形异音词表明如下对立：（1）结构不可再分的名词按照正常规律连读；（2）同形的动词或形容词不发生连读，原因是其中包括了两个不同的句法成分，结构可以再分。两种情况的对立是通过声调是否连读表现出来的。

其实王力早就阐述过汉语声调的句法意义，他在《汉语史稿》［5］中指出“中古汉语的形态变化表现在声调的变化上面，同一个词，由于声调的不同就具有不同的词汇意义和语法意义”。例如“去声别义”。去声别义残留在汉语普通话中的表现是以多音字的形式出现，以汉语普通话为例，“好（hao3）”表名词或形容词，“好（hao4）”表动词。

和汉语普通话以及大多数汉语方言不同，藏语拉萨话声调多以词调的形式出现，词调的对立主要表现在句法层面上。如果以单词为主要研究对象，和句法结构相关的问题无法暴露。藏语拉萨话声调的对立功能，只有通过大量语句才能全面揭示。然而获得大量带有标注的语料本身就是一件难事。其实藏语的声调问题还牵扯到分词的问题，由于问题复杂，在本文中不予展开。解决藏语拉萨话语音合成声调的根本问题在于自然语言处理。

近年来，发现问题并经过修改藏语拉萨话语音合成系统，MOS 评测分数以每年 0.2 提升。

6. 结论

多语种声调语言语音合成系统的开发实践告诉我们分析声调对立是语音合成系统的基本需求，本文中列举的实验结果只是当前的最好结果，并不是最终结果。类似的实验也在苏州话、闽南话、潮州话等方言的语音合成实验中同步进行。语言研究结果需要获得验证，语音合成系统恰恰能够提供验证并指导研究方向。

变调域的预测仍然是一个难题，在研究连读和变调域声学表现的时候，必须追究声学表象背后的语言功能属性，这是个语义结构理解的问题。

和人工智能相比，人的优势是知识、经验和推理能力，专家可以通过有限的样品进行分析，而人工智能需要大量数据支持。对于资源受限语言无疑需要专家知识的介入。同时人工智能的计算能力是超过人类的，正是由于这个原因，连续话语中诸多因素共同作用的复杂语境则令人望而却步，使许多情况下研究只局限于孤立字、词环境。合理的研究方式是人机耦合，在理解智能语音系统工作原理的前提下，人通过合理的方式将知识交由人工智能系统进行计算、训练系统，再由人分析归纳。即使在当前流行的端到端技术背景下，专家仍可以通过文本覆盖中语义结构问题分析为系统提供帮助。

探索语言的本质是我们追求的目标。知识的积累和语言共性的提取将启发新一代人工智能的发展。

7. 致谢

探索语言本质是敬爱的导师吴宗济先生一贯的坚持和对我们的要求，架起语言学与工程技术之间的桥梁更是吴先生在三十多年前对我的要求。尽管当年的承若于今天看来对我太过沉重而成效甚微，在此，仅以点滴体会向吴先生汇报。

感谢科大讯飞提供给我 10 年的时间深度接触多语种；感谢所有为科大讯飞多语种语音合成平台做过贡献的小伙伴们；感谢正在为多语种声调语言进行辛勤探索的科大讯飞多语种团队的同事们。

参考文献

[1] 中国社会科学院语言研究所：《方言调查字表》，商务印书馆 2004 年版。

[2] 教育部语言文字信息管理司，中国语言资源保护研究中心编著：《中国语言生活绿皮书 中国语言资源调查手册 汉语方言》，商务印书馆 2015 年版。

[3] Chen, M. Y. 2000. Tone sandhi: patterns across Chinese dialects. *Cambridge Studies in Linguistics* 92. Cambridge: Cambridge University Press.

[4] 五台：《关于连读变调的再认识》，《语言研究》1988 年第 1 期。

[5] 王力：《汉语史稿》，中华书局 1980 年版，第 307 页。

[6] 刘复：《四声实验录》，上海群益书社 1924 年版。

[7] 刘俐李：《基频归一和调系规整的方言实验》，《中国语音学报》2008 年第 1 期。

[8] Chao, Y. R. 1930. A system of "tone letters". *Le Maître Phonétique* 45, 24 – 27.

[9] 石锋：《论五度记音法》，《天津大学学报》1990 年第 3 期。

[10] 张群显：《赵元任五度制标调法——理论与实际》，《学术研究》2012 年第 5 期。

[11] 王士元：《声调的音系特征》，《国外语言学》1987 年第 1 期。

[12] 陈保亚、张婷：《对立的充分性和最大对立环境》，《中国语文》2019 年第 1 期。

[13] 吴宗济：《赵元任先生在汉语声调研究上的贡献》，《清华大学学报》（社科版）1996 年第 3 期。

[14] 林茂灿：《音高显示器与普通话声调的声学特性》，《声学学报》1965 年第 1 期。

[15] 林茂灿：《汉语语调实验研究》，中国社会科学出版社 2012 年版。

[16] 石锋、冉启斌：《普通话上声的本质是低平调》《汉语平调的声学感知研究的再分

析》,《中国语文》2011 年第 6 期。
[17] Xu, Y. and Wang, Q. E., 2001. Pitch targets and their realization: Evidence from Mandarin Chinese. *Speech Communication* 33: 319 - 337.
[18] Xu. Y. & Prom - ona, S. 2014, Toward Invariant Functional Represantations of Variable Surface Fundamental Frequency Contour: Sythesizing Speech Melody via Model - based stochastic Learning, *Speech Communication*, 57 (2014), 181 - 208.
[19] Li, A. 2013. Successive Addition Boundary Tone of Chinese Emotional Intonation: Production and Perception, 郑秋豫主编:《语言资讯和语言类型》(第四届国际汉学会议), 2013 年 11 月, 中研院, 第 206—308 页。
[20] Yang, X. H. and Yang, Y. F. Prosodic Realization of Rhetorical Structure in Chinese Discourse, *IEEE Transactions on Acoustics, Speech and Signal Processing*, Vol. 20, No. 4, pp. 1196 - 1206, 2012.
[21] Wang, Y. X. et. al. Tacotron: Towards End - to - End Speech Synthesis, *INTERSPEECH* 2017.
[22] 凌震华:《基于统计声学建模的语音合成技术研究》, 博士学位论文, 中国科学技术大学, 2008 年。
[23] Sherard, M. 1972. Shang*hai phonology*. PhD dissertation, Cornell University.
[24] 钱乃荣等:《上海话大辞典》, 2007 年, 第 387 页。
[25] 许宝华、陶寰:《上海方言词典》引论,《方言》1995 年第 4 期, 第 257—275 页。
[26] 瞿蔼堂:《汉语调值研究的价值与方法》,《国外语言学》1987 年第 1 期。
[27] 胡坦:《藏语(拉萨话)声调研究》,《民族语文》1980 年第 1 期。
[28] 周季文:《藏语拼音教材》(拉萨音), 民族出版社 1983 年版。
[29] 徐通锵:《声母语音特征的变化和声调的起源》,《民族语文》1998 年第 1 期。
[30] 瞿蔼堂:《藏语的声调及其发展》,《 语言研究》1981 年第 1 期。
[31] 拉巴顿珠、欧珠、祖漪清、裴春宝:《藏语同形异音词的消歧方法研究》,《中文信息学报》2018 年第 7 期。

祖漪清 科大讯飞股份有限公司, 硕士, 多语种语音系统研究。
E-mail: yqzu@ iflytek. com

基于韵律层级模型的汉语朗读语篇语速研究

殷治纲

摘　要　本研究在前人研究的基础上，从韵律层级模型出发，重新分析并梳理了韵律词、韵律短语、语调短语和语句四个韵律层面的语速变化规律，得到了一系列关于汉语朗读语篇语速的系统性结论。此外，本文还结合各韵律层面的语速规律探讨了实际言语中语速变化的综合模式，并分析了发音运动和其他物理运动模式的相似之处。

关键词　语速；韵律层级模型；韵律词；韵律短语；语调短语；语句；朗读语篇

Speaking Rate in Chinese Reading Discourse Based on Prosodic Hierarchy Model

YIN Zhigang

Abstract From the perspective of prosodic hierarchy model, this paper studies speaking rate (SR) of Chinese reading discourse, and summarizes the SR patterns at four prosodic levels of prosodic word, prosodic phrase, intonation phrase and utterance. Moreover this paper discusses the systematic SR pattern in natural speech, and analyzes the similarities between articulation movements and other physical movements.

Key words Speaking rate (Articulation rate, Speech speed); Prosodic hierarchy model; Prosodic word; Prosodic phrase; Intonation phrase; Utterance; Reading discourse

1. 引言

1.1　语速的概念

语速是语言韵律、节奏研究的重要内容之一。它一般用单位时间内的音节个数来衡量［14］［17］。计算公式为：

$$rate = syllablenumber/duration \quad (1)$$

公式（1）中，rate 表示一段话的平均语速，syllable number 表示该段话所含音节个数，duration 表示话语时长。

从上述公式可知，语速研究和时长研究关系紧密。相对于传统的时长研究，以“语速”为研究对象有很多优点。例如，它可以帮助我们更方便地理解发音运动快慢的规律，还可以把“延长”和“停顿”现象统一纳入语速变化的范畴——音段“延长”可视为发音降速，而“停顿”就是语速降为“零”。

语速概念有狭义和广义之分。狭义的“语速”（speaking rate，speed of speech）一般和“发音速率”（articulation rate）相对应，指一段话的整体速度［3］［15］［19］。计算狭义语速时，话语时长（公式 1 中 duration）包括无声停顿长度。与其相关的“发音速率”概念则是指“可听语音的表达速度，包括填声停顿，但不包括无声停顿”［15］［19］，即计算话语长度 duration 时不考虑无声停顿段时长。广义的“语速”则不严格区分二者区别，如曹剑芬认为语速（广义）“通常是指发音速度，也可以指听觉上对话语速度的感知印象”［14］。

本研究主要考察汉语的发音速率问

题，但按照广义语速概念仍使用“语速”的叫法。

1.2 语速的相关研究

以往和汉语语速相关的研究主要集中在以下方面。

（1）语速在不同韵律单元中的变化规律［4］［8］［9］［10］［11］［14］［17］；

（2）语速变化对不同语音单元（辅音、元音）伸缩效果的影响［4］［18］；

（3）语速对韵律单元组块的影响［17］；

（4）语速对音高的影响［4］［14］；

（5）语速对重音等韵律特征的影响［22］。

上述领域中，语速在不同韵律单元中的变化规律问题可以说是语速相关研究中最为基础而重要的内容。以往该方面的研究主要是在韵律层级理论体系下进行的。

1.3 与韵律层级模型相关的语速研究

韵律音系学相关研究［1］［2］［6］认为语言有自己的韵律层级体系（prosodic hierarchy），并逐渐形成了两种层级模型。以Selkirk为代表的学者主张以纯音韵标准为划分标准［6］，将韵律层级从小到大划分为音节（Syllable）、音步（Foot）、韵律词（prosodic word，PW）、小韵律短语（minor prosodic phrase）、大韵律短语（major prosodic phrase）、语调短语（Intonation phrase，IP）、话语（discourse）等。另一种观点则以Pijper和Sanderman等为代表，主张结合语法信息把韵律层级划分为莫拉（Mora）、音节、音步、韵律词、韵律短语、黏附组（Clitic group）、语调短语、话语等［5］。两种模型分别适用于不同研究目的，前者适用于语音学研究，后者更适用于兼顾语法、韵律的音系学研究［21］。

本研究借鉴以往学者对汉语韵律的研究［7］［8］［9］［10］［11］［12］［13］［16］［20］［23］，把汉语韵律层级系统从小到大划分为：音节（Syllable）、韵律词（PW，Prosodic word）、韵律短语（Prosodic phrase，PP）、语调短语（Intonation phrase，IP）、语句（Utterance）等层级单位。

在韵律层级模型理论下，很多学者对汉语普通话的语速和时长规律进行了研究，得到了一系列发现。［14］发现语速变化不是均匀地分布在整句，而是非线性分布；语句内部中间位置上语速较快，首尾位置语速较慢。［17］研究了快、中、慢三种语速下的篇章语速和局部语速模式，发现语速变化会引起篇章韵律结构的非线性变化；各韵律层级的局部语速变化无统一模式；从不同韵律单元边界处看，起始音速大于单元结束音速，末尾延长是一种韵律词层级的音速降低现象。［11］［23］在阶层式语流韵律架构模型（HPG）中，利用线性回归模型分析了各韵律层级中音节时长与位置的对应规律。发现：（1）在韵律词层面存在起始音节缩短和末尾音节延长现象。（2）在韵律短语层面除了存在末尾延长现象，还存在倒数第三音节缩短现象。韵律词层面和韵律短语层面存在末音节时长补偿现象，即如果韵律词的末音节延长了，那么在韵律短语层面末音节不再延长。（3）在多短语韵律句群（PG）层面，分别研究了起始韵律短语（PG-Initial PPhs）、中间韵律短语（PG-Medial PPhs）和末尾韵律短语（PG-final PPhs）中的音节时长规律，发现起始韵律短语中存在首、末音节延长现象；中间韵律短语中，首音节缩短，末音节延长；末尾韵律短语中整体延长效应明显，但是最末音节反而缩短了。

以往在韵律层级体系下的语速和时长研究较好地分析并呈现了和汉语语速相关的诸多规律，但是研究对象基本以音节这种微观单位为主，没有以韵律词甚至短语等大单元作为计量单位的研究；一般着眼于韵律单元的首、末边界等局部位置，未对韵律单元开始、中间、末尾全局性规律的分析；研究思路一定程度上回归了“线性结构”思路（或是“线性—层级”混合思路），没有完全体现出韵律层级体系的优势和特点。

针对以上问题，本研究希望从更加“纯粹”的层级视角出发，分析各韵律层面上的语速变化规律，从而对汉语语速规律给出一个全面、系统的描述。

2. 本研究概述

2.1 基于韵律层级模型的研究思路

本文所采用的韵律层级标注体系自下而上包括了“音节—韵律词—韵律短语—语调短语—语句”的层级结构。每一层的判断和标注原则将在后面研究部分详细介绍。整个韵律层级结构示意图如下。

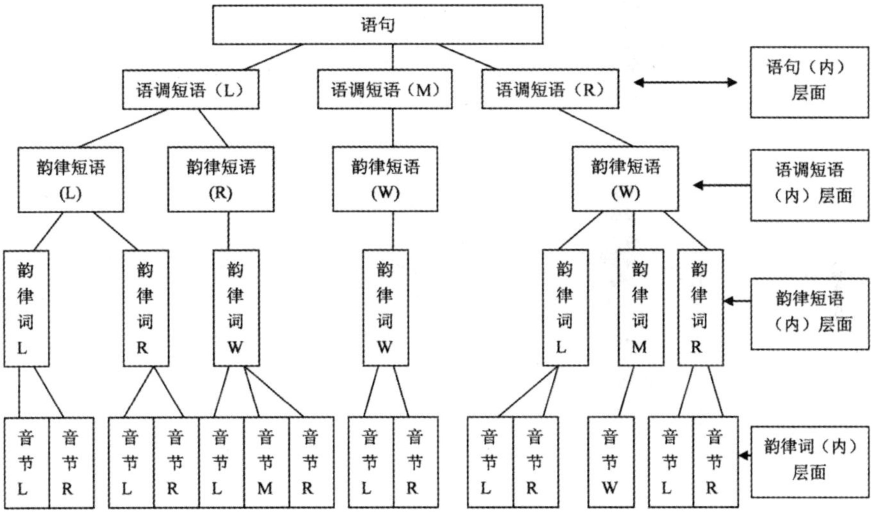

图1　韵律层级结构示意

我们认为韵律层级模型有如下特点。

（1）韵律结构可看作一个“金字塔”式层级系统。每个韵律层级由下层语音单元构成，并对其有管辖和制约作用。例如，语句是由语调短语构成的，语调短语是由韵律短语构成的，韵律短语是由韵律词构成的，而韵律词是由音节构成的。

（2）每一韵律层级有自己的规律。以语速为例，某一层级的语速规律，表现为其直接管辖的下级单元的语速规律。例如，语句层面的语速规律就是其下辖的各位置语调短语的语速规律。各层规律依次类推。

（3）最后呈现出来的韵律规律是各层韵律规律叠加的结果。韵律单元的实际速度可看作语句层面、短语层面、韵律词层面等不同层级语速规律叠加的结果。

基于以上特点，我们的研究内容包括：

（1）分析韵律词、韵律短语、语调短语和语句四个韵律层面上各位置（开始位置、中间位置和末尾位置）下辖韵律单元语速的变化规律。

（2）每一个韵律层面上，我们将只研究其直接管辖的下一层韵律单元的语速规律。例如在韵律短语层面，我们将只分析韵律短语管辖的韵律词的语速规律，而不会考虑更低层音节的语速规律（因为音节并非韵律短语直接管辖单位）。

2.2 实验材料

本研究使用的语音数据是由中国社会科学院语言研究所语音研究室制作发布的汉语普通话朗读语篇语料库ASCCD（Annotated Speech Corpus of Chinese Discourse），其内容由语音数据、语音学标注和语篇文本等资料组成。

该语音语料库的语料结合学术和工程需求，内容包括记叙、议论、通讯、散文等多种题材的文章。语音数据由普通话标准的北京地区发音人朗读。我们使用了语料库中两位男性发音人和两位女性发音人的数据资料。发音人年龄在30—50岁。每位发音人选取了相同的5篇文章朗读语

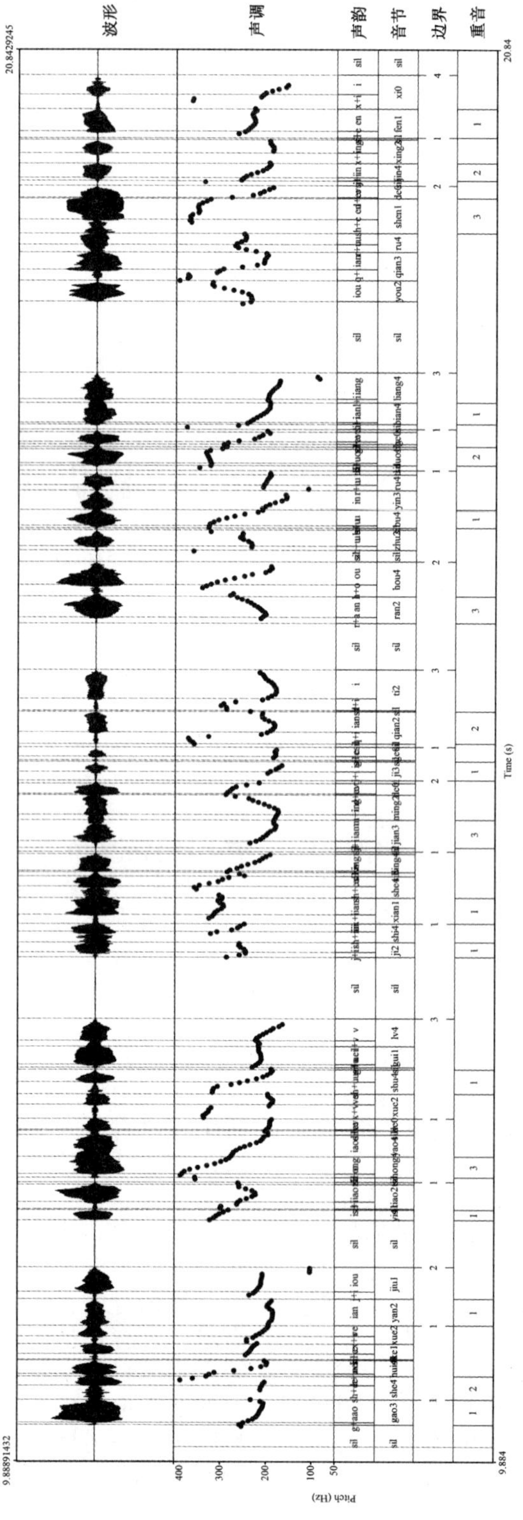

图2 标注例子

料，文章字数合计约2600字。

录音在专业录音室完成，采用16kHz采样、16位、WAV双声道格式存储。左声道为语音信号（CONDENSER CR1-4），右声道为喉头仪信号（KAY Layyngograph Model 6094）。

语音学标注信息采用人工标注方法完成，标注软件为Praat，标注符号采用C-ToBI标注系统，标注内容包括拼音、声韵母、韵律、重音等信息。

下面为一个标注样本截图。

该句内容为“搞社会科学研究，一条重要的学术规律即是先设定简明的几个前提，然后逐步引入多个变量，由浅入深地进行分析”。由于韵律层级分析并不等同于语法分析，而是依赖于发音人的实际发音表现，所以即使是同一句话，不同发音人读出来的韵律结构也可能是不一样的。本例句发音人（F001）的韵律层级划分结构如下。

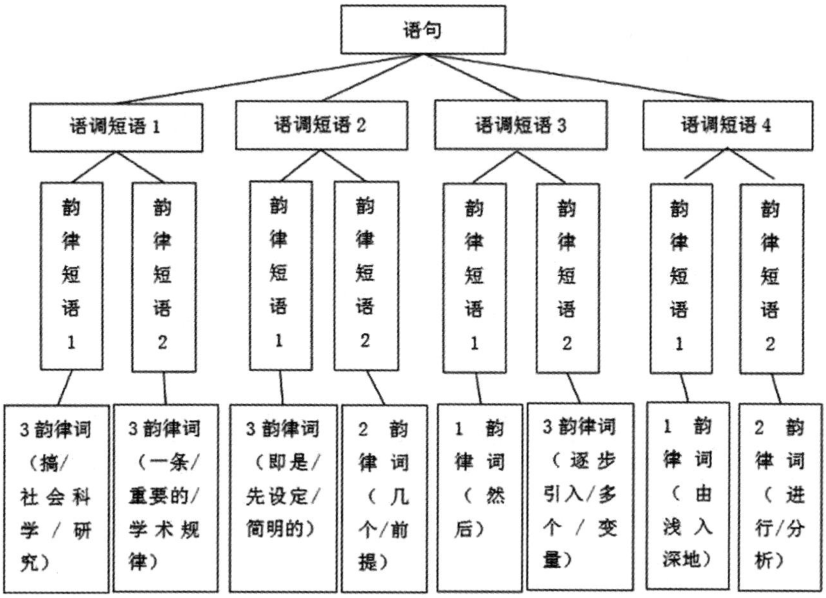

图3 例句层次分析

2.3 研究方法

我们仍然用单位时间内所含音节个数来计算语速。计算公式如前述公式（1），更通俗的文字化表述为：某韵律单元语速=所含音节数/单元总时长（不含停顿时长）。如某韵律短语“分粥制度”，包含的四个音节时长分别为：fen1（0.242s），zhou1（0.195s），zhi4（0.151s），du4（0.208s）。则该韵律短语的语速 $rate = 4/(0.242 + 0.195 + 0.151 + 0.208) = 5.03$（语速单位：音节/秒）。其他韵律单位的语速计算方法类同。

在后续统计数据时，我们除了提供不同韵律单元的语速数据，也提供了其原始的时长数据（平均音节时长和标准差）作为参考。各组数据采用ANOVA单因素方差分析方法进行对比分析。

3. 韵律词层面的语速规律

首先，我们从韵律词层面来考察语速的变化规律。

韵律词（PW）在韵律层级结构中的地位大致相当于词汇在语法系统中的地位。它大多由1—4个音节组成。韵律词内部各音节连接紧密，无间断感。相邻韵律词之间则会有轻微的间断感觉（间断指数为1）。

根据包含的音节个数，韵律词可以分为单音节韵律词（占比约12%，比例数据均参考F01）、双音节韵律词（占比58%）以及多音节韵律词（含三个音节及以上，占比约30%）。针对这三类韵律词中，我们分别作如下统计，并观察不同类型中语速的变化规律。

（1）多音节韵律词：分别统计开始音节、中间音节（可不止一个）和末尾音节的语速。

（2）双音节韵律词：统计开始音节和末尾音节的语速。

（3）单音节韵律词：统计唯一音节语速。

各位发音人的统计结果如下。

表1　　F01韵律词语速数据

F01（显著性0.00）		时长均值（s）	标准差（s）	语速（syl/s）
多音节韵律词	开始	0.166	0.043	6.02
	中间	0.155	0.043	6.45
	末尾	0.184	0.080	5.43
双音节韵律词	开始	0.175	0.043	5.71
	末尾	0.210	0.069	4.76
单音节韵律词	单独	0.208	0.061	4.81

表2　　F02韵律词语速数据

F02（显著性0.00）		时长均值（s）	标准差（s）	语速（syl/s）
多音节韵律词	开始	0.177	0.047	5.65
	中间	0.157	0.046	6.37
	末尾	0.177	0.064	5.65
双音节韵律词	开始	0.183	0.049	5.46
	末尾	0.198	0.053	5.05
单音节韵律词	单独	0.177	0.054	5.65

表3　　M01韵律词语速数据

M01（显著性0.00）		时长均值（s）	标准差（s）	语速（syl/s）
多音节韵律词	开始	0.168	0.054	5.95
	中间	0.149	0.048	6.71
	末尾	0.153	0.060	6.53
双音节韵律词	开始	0.182	0.053	5.49
	末尾	0.178	0.048	5.62
单音节韵律词	单独	0.182	0.051	5.49

表4　　M02韵律词语速数据

M02（显著性0.00）		时长均值（s）	标准差（s）	语速（syl/s）
多音节韵律词	开始	0.165	0.045	6.06
	中间	0.141	0.043	7.09
	末尾	0.157	0.056	6.37
双音节韵律词	开始	0.165	0.046	6.06
	末尾	0.169	0.043	5.92
单音节韵律词	单独	0.190	0.044	5.26

为了便于对比观察，我们把四人数据叠加在一个图中进行对比。图像如图4所示。

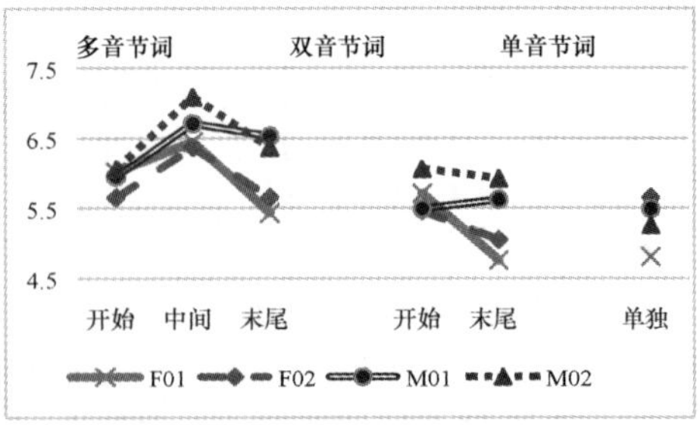

图4　韵律词层面语速变化规律

从韵律词内语速规律图看，可以发现如下规律。

（1）从不同类型韵律词语速看，含音节数越多的韵律词，整体语速略快于含音节数少的韵律词。这可能由于含音节数多的韵律词的心理和生理“任务重”，所以会加速完成。

（2）从显著性数据看，韵律词不同位置音节的语速显示出显著差异性。

（3）从多音节韵律词（含三音节以上）看，中间音节语速最快是共同特点，即所有发音人都体现出“慢—快—慢”的模式。末尾音节和开始音节谁更慢，则因人而异。

（4）从双音节韵律词看，大多数发音人的末尾音节语速慢于开始音节，呈现“快—慢”模式，但是也有例外（如 M01）。我们着重听辨了末尾音节语速快于开始音节语速的发音人，发现他们的发音风格显示出果断干练的风格。相比而言，具有抒情委婉风格的发音人，其韵律词末尾语速会更慢一些。

（5）从单音节韵律词看，其语速普遍偏慢。它们在语句中往往起强调或者信息焦点作用。

4. 韵律短语层面的语速规律

韵律短语（PP）的地位相当于语法系统中的短语。它大多由 1—3 个韵律词组成。韵律短语之间有比韵律词更明显的间断感（间断指数为 2），一般后面会有可分辨的停顿。不过，同处于一个更大单元内（语调短语）的相邻几个韵律短语，一般会保持一条比较连贯的音高曲线，因而存在韵律联系。

根据包含的韵律词个数，韵律短语可以分为单词韵律短语（占比约 29%）、双词韵律短语（占比 41%）以及多词韵律短语（含三个韵律词及以上，占比约 30%）。针对这三类韵律短语，我们分别作如下统计，并观察不同类型中语速的变化规律。

（1）多词韵律短语：统计开始韵律词、中间韵律词（可不止一个）和末尾韵律词的语速。

（2）双词韵律短语：统计开始和末尾韵律词的语速。

（3）单词韵律短语：统计唯一韵律词的语速。

各位发音人的统计结果如下。

表 5　F01 韵律短语语速数据

F01（显著性 0.00）		时长均值（s）	标准差（s）	语速（syl/s）
多词韵律短语	开始	0.156	0.045	6.41
	中间	0.151	0.046	6.62
	末尾	0.206	0.062	4.85
双词韵律短语	开始	0.158	0.046	6.33
	末尾	0.204	0.061	4.90
独词韵律短语	单独	0.200	0.068	5.00

表 6　F02 韵律短语语速数据

F02（显著性 0.00）		时长均值（s）	标准差（s）	语速（syl/s）
多词韵律短语	开始	0.174	0.053	5.75
	中间	0.160	0.047	6.25
	末尾	0.191	0.057	5.24
双词韵律短语	开始	0.165	0.049	6.06
	末尾	0.188	0.053	5.32
独词韵律短语	单独	0.187	0.058	5.35

表 7　M01 韵律短语语速数据

M01（显著性 0.00）		时长均值（s）	标准差（s）	语速（syl/s）
多词韵律短语	开始	0.151	0.045	6.62
	中间	0.160	0.057	6.25
	末尾	0.166	0.046	6.02
双词韵律短语	开始	0.158	0.054	6.33
	末尾	0.172	0.056	5.81
独词韵律短语	单独	0.174	0.053	5.75

表8　　M02韵律短语语速数据

M02（显著性0.00）		时长均值（s）	标准差（s）	语速（syl/s）
多词韵律短语	开始	0.150	0.041	6.67
	中间	0.144	0.047	6.94
	末尾	0.162	0.048	6.17
双词韵律短语	开始	0.150	0.047	6.67
	末尾	0.159	0.048	6.29
独词韵律短语	单独	0.162	0.051	6.17

我们把四人数据叠加在一个图中进行对比，如图5所示。

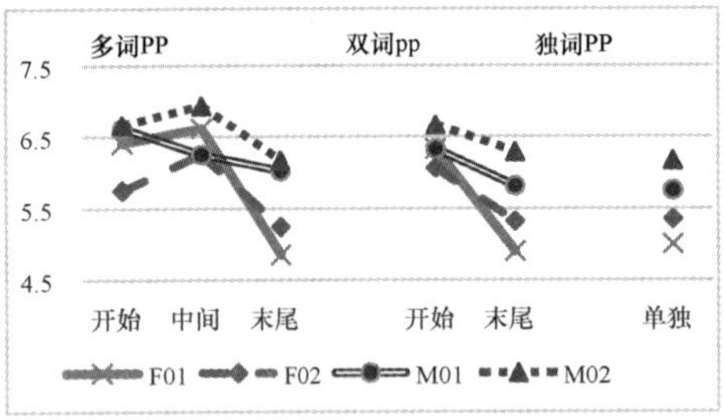

图5　韵律短语层面语速变化规律

从韵律短语内语速规律图看，可以发现如下规律。

（1）从不同类型韵律短语语速看，含韵律词数目多的韵律短语，语速仍略快，但这种语速优势往往体现在某些局部上。例如，多词韵律短语中部位置的语速优势。

（2）从显著性数据看，韵律短语不同位置的语速显示出显著差异性。

（3）从多词韵律短语（含3个韵律词以上）看，大部分发音人都显示出“中—快—慢”的语速模式，大致对应发音动作的“启动—高速—降速”过程。韵律短语中间部分的语速一般仍是最快的，但也有例外（如MO1）。韵律短语末尾语速明显降低成为所有人的共同特点。

（4）从双词韵律短语看，末尾语速降低仍是显著特点，呈现“快—慢”模式。所有发音人末尾位置的语速都慢于开始部分。

从独词韵律短语看，其语速普遍较慢，相当于多词和双词韵律短语末尾位置的语速。

5. 语调短语层面的语速规律

语调短语（IP）的地位相当于语法系统中的小句。它大多由1—3个韵律短语PP组成。语调短语之间有更明显的间断感（间断指数为3），一般后面会有明显的停顿。语调短语往往独自具有一条相对完整的语调曲线，这也是其被称为语调短语的原因。

根据包含的韵律短语PP个数，语调短语可以分为单PP语调短语（占比约40%）、双PP韵律短语（占比44%）以及多PP语调短语（含三个及以上，占比约16%）。针对这三类语调短语，我们分别作如下统计，并观察不同类型中语速的变化规律。

（1）多PP语调短语：分别统计开始位置、中间位置和末尾位置韵律短语PP的语速。

（2）双PP语调短语：统计开始和末尾位置韵律短语PP的语速。

（3）单PP语调短语：统计唯一韵律短语PP的语速。

各位发音人的统计结果如下。

表9　　M02语调短语语速数据

F01（显著性0.018）		时长均值（s）	标准差（s）	语速（syl/s）
多PP语调短语	开始	0.188	0.066	5.31
	中间	0.172	0.062	5.80
	末尾	0.177	0.059	5.65
双PP语调短语	开始	0.185	0.064	5.39
	末尾	0.177	0.059	5.65
单PP语调短语	单独	0.177	0.058	5.65

表10　F02语调短语语速数据

F02（显著性0.592）		时长均值（s）	标准差（s）	语速（syl/s）
多PP语调短语	开始	0.178	0.050	5.61
	中间	0.173	0.053	5.79
	末尾	0.176	0.058	5.68
双PP语调短语	开始	0.179	0.056	5.58
	末尾	0.176	0.053	5.69
单PP语调短语	单独	0.179	0.053	5.60

表11　M01语调短语语速数据

M01（显著性0.037）		时长均值（s）	标准差（s）	语速（syl/s）
多PP语调短语	开始	0.177	0.051	5.66
	中间	0.174	0.054	5.75
	末尾	0.174	0.061	5.74
双PP语调短语	开始	0.168	0.055	5.96
	末尾	0.166	0.056	6.01
单PP语调短语	单独	0.164	0.052	6.10

表12　M02语调短语语速数据

M02（显著性0.473）		时长均值（s）	标准差（s）	语速（syl/s）
多PP语调短语	开始	0.156	0.052	6.40
	中间	0.164	0.052	6.10
	末尾	0.159	0.052	6.31
双PP语调短语	开始	0.155	0.049	6.43
	末尾	0.153	0.048	6.52
单PP语调短语	单独	0.156	0.048	6.42

我们把四人数据叠加在一个图中进行对比，如图6所示。

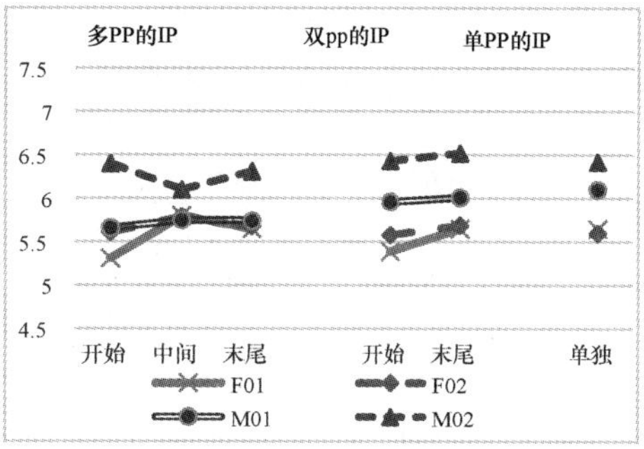

图6　语调短语层面语速变化规律

从语调短语内语速规律图看，可以发现如下规律。

（1）语调短语作为较大级别的韵律单元，语速开始出现平均化、一致化倾向，即不管内部包含韵律短语数目多少，其语速都比较接近。

（2）从显著性数据看，不同发音人数据显著性水平开始发散，F01和M01发音人数据（实直线和空心直线）在0.05水平上仍具有显著性，但是F02和M02数据已经不具备显著性，仅做参考。

（3）从多PP语调短语（含3个PP以上）看，F01、F02等有显著性意义数据显示，语调短语中间部分的语速还是略快一点。M002则是中部变慢，但其数据不具有统计显著性。

（4）从双PP语调短语看，开始语速和末尾语速也比较类似，后半部语速略有升高，可能存在加速赶尾效应。

6. 语句层面的语速规律

语句大多由1—4个语调短语组成。语句之间的间断感很大，间断指数为4。语句后面会有明显的停顿。相比于语调短语，它不仅有完整的语调曲线，还附着有语气成分。

根据包含的语调短语IP个数，语句可以分为单IP语句（占比约30%）、双IP语句（占比约30%）以及多IP语句（含三个及以上，占比约40%）。针对这三类语调短语，我们分别作如下统计，并观察不同类型中语速的变化规律。几种语句计算各部分语速的方法类同于前面，在此不再赘述。各位发音人的统计结果如下。

表13　　F01 语句语速数据

F01（显著性0.054）		时长均值（s）	标准差（s）	语速（syl/s）
多iP句	开始	0.182	0.063	5.51
	中间	0.180	0.063	5.55
	末尾	0.187	0.060	5.35
双iP句	开始	0.176	0.060	5.67
	末尾	0.169	0.061	5.93
单iP句	单独	0.177	0.059	5.65

表14　　F02 语句语速数据

F02（显著性0.154）		时长均值（s）	标准差（s）	语速（syl/s）
多iP句	开始	0.176	0.056	5.69
	中间	0.175	0.052	5.71
	末尾	0.180	0.054	5.56
双iP句	开始	0.186	0.053	5.37
	末尾	0.176	0.053	5.67
单iP句	单独	0.178	0.055	5.62

表15　　M01 语句语速数据

M01（显著性0.180）		时长均值（s）	标准差（s）	语速（syl/s）
多iP句	开始	0.165	0.055	6.05
	中间	0.169	0.054	5.92
	末尾	0.163	0.053	6.15
双iP句	开始	0.171	0.057	5.84
	末尾	0.169	0.053	5.93
单iP句	单独	0.163	0.054	6.14

表16　　M02 语句语速数据

M02（显著性0.921）		时长均值（s）	标准差（s）	语速（syl/s）
多iP句	开始	0.157	0.050	6.38
	中间	0.157	0.048	6.36
	末尾	0.155	0.048	6.47
双iP句	开始	0.154	0.046	6.50
	末尾	0.156	0.048	6.42
单iP句	单独	0.156	0.052	6.43

我们仍然把四人数据叠加在一个图中进行对比，如图7所示。

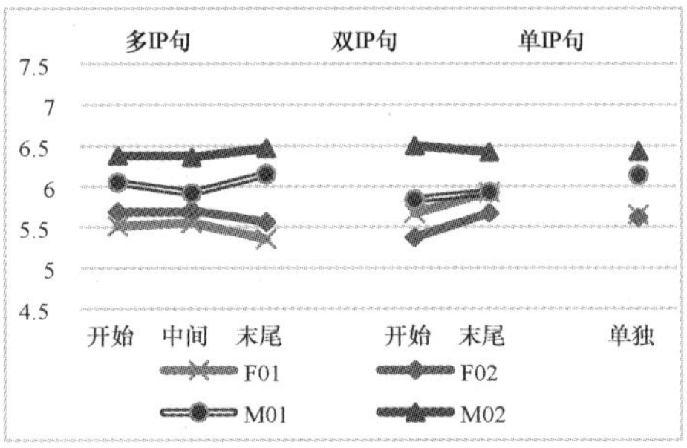

图7　语句层面语速变化规律

从语句内语速规律图看，可以发现如下规律。

（1）语句作为大级别的韵律单元，各位置语速存在平均化趋势。

（2）从显著性数据看，所有发音人数据在0.05水平上都不再具有显著性意义。可以认为发音人的语速在句子级别的大尺度韵律单元上是比较平稳的。

7. 总结和讨论

本研究利用韵律层级模型，从小到大分析了韵律词、韵律短语、语调短语和语句四个韵律层级内的语速变化规律。综合各个层面的规律，可以发现。

（1）韵律词、韵律短语等中小层级的韵律结构中，含内部单元多的结构一般语速略快。但到了语调短语以上级别的大尺度韵律结构中，语速开始出现平稳化趋势。

（2）从显著性数据看，韵律词、韵律短语等中小层级的韵律结构内，各位置的语速差异存在显著性。但是语调短语、语句等大尺度韵律结构，各部分的语速差异不再显著。

（3）在韵律词层面，多音节韵律词的语速模式一般是“慢—快—慢”，双音节韵律词一般是“快—慢”，单音节韵律词为“慢”。

（4）在韵律短语层面，多词韵律短语语速模式一般是“中—快—慢”，双词韵律短语一般是“快—慢”模式，单词韵律短语语速为“慢”。

（5）在语调短语层面，语速开始逐渐平稳化。含多 PP 的语调短语的中部语速略快一点，双 PP 语调短语在后半部分语速略快一点，可能存在“赶尾”效应。

（6）在语句层面，各部分语速实现平稳化，不存在哪个部分平均语速偏快或者偏慢的显著效应。

根据上面的研究结果，我们认为发音运动和物理运动存在很多相似之处。韵律词和韵律短语层面的发音运动类似 100 米、400 米等短距和中短距离的赛跑，发音运动存在“开始加速—中间高速—末尾降速”的规律。语调短语和语句内层面的语速规律类似 1000 米、3000 米中、长跑，速度开始趋向于平稳化。

如果综合考虑四个韵律层级的叠加过程，则像一位运动员在进行多赛段的拉力赛，在每个短赛段都有“启动—高速—降速”变速过程，但从宏观看，整个大赛程各个阶段速度又是相对平均的。这就是韵律层级模型展示给我们的语速发音规律。

本研究主要基于统计数据考察了各韵律层级中韵律位置对语速的影响，没有考虑特定语言现象（如句式、焦点等）对局部或者整体造成的语速影响。未来我们将进一步结合特定语言现象来研究语速在细分情景下的变化规律。

参考文献

[1] Halliday, M. A. K. 1994. *An Introduction to Functional Grammar*, Edward Arnold Ltd.

[2] Halliday, M. A. K. 1967. *Intonation and Grammar in Brithsh English*, Mouton。.

[3] Koreman, J. 2006. Perceived speech rate: the effects of articulation rate and speaking style in-spontaneous speech, *The Journal of the Acoustical Society of America*, 119 (1), 582-596.

[4] Li, A. J., Zu, Y. Q. 2008. Speaking Rate Effects on Discourse Prosody in Standard Chinese, *The proceedings of Speech Prosody* 2008, Brazil, 449-452.

[5] Pijper, J. R., Sanderman, A. A. 1994. On the perceptual strength of prosodic boundaries and its relation to suprasegmental cues, *Journal Acoustic of Society of America*, 96 (4), 2037-2047.

[6] Selkirk, E. O. 1984. *Phonology and Syntax: The Relation between Sound and Structure*. The MIT Press.

[7] Sylvie, J. L. M., Dik, J. H. 2000. Expression of emotion and attitude through temporal speech variations. *Proceedings of ICSLP*2000, Beijing, China.

[8] Tseng, C. Y., Pin, S. H. 2004. Modeling prosody of Mandarin Chinese fluent speech via phrase grouping. *Proceedings of Speech and Language Systems for Human Communication*, SPLASH-2004/Oriental-COCOSDA2004, New Delhi, India. 53-57.

[9] Tseng, C. Y., Lee, Y. L. 2004. Speech rate and prosody units: evidence of interaction from Mandarin Chinese. *Proceedings of the International Conference on Speech Prosody* 2004, Nara, Japan. 251-254.

[10] Tseng, C. Y., Pin, S. H., Lee, Y. L. 2004. Speech prosody: issues, approaches and implications. *From Traditional Phonology to Modern Speech Processing*, Beijing: Foreign Language Teaching and Research Press, 417-437.

[11] Tseng, C. Y., Pin, S. H., Lee, Y. L., Hsin-min Wang, and Yong-cheng Chen. 2005. Fluent speech prosody: framework and modeling, *Speech Communication*, 46. 3-4: 284-309.

[12] Van Beinum, F. J. K., Van Donzel, M. E., 1996. Relationship between discourse

structure and dynamic speech rate, *Proceedings of ICSLP1996*, 1724 - 1727.

[13] 曹剑芬:《韵律结构与语音的变化》,《南京师范大学文学院学报》2011 年第 3 期,第 12—22 页。

[14] 曹剑芬:《语速特征及其变化》,《第六届全国现代语音学学术会议论文集(上)》,2003 年,第 143—148 页。

[15] 戴维、克里斯特尔编:《现代语言学词典》,商务印书馆 2000 年版。

[16] 李爱军:《普通话对话中韵律特征的声学表现》,《中国语文》2002 年第 6 期,第 525—535 页。

[17] 李爱军、祖漪清、李洋、孟昭鹏:《汉语普通话篇章语速变化模式初探》,《声学技术》2007 年第 4 期。

[18] 梅晓:《普通话韵律结构的语音特性分析》,硕士学位论文,中国社会科学院研究生院,2010 年。

[19] R. L. 特拉斯克编:《语音学和音系学词典》,语文出版社 2000 年版。

[20] 王蓓、杨玉芳、吕士楠:《汉语韵律层级边界结构的声学相关物》,《新世纪的现代语音学——第五届全国现代语音学学术会议》,清华大学出版社 1999 年版。

[21] 王洪君:《汉语非线性音系学(增订版)》,北京大学出版社 2008 年版,第 248—251 页。

[22] 张家騄、朱维彬、Eva Garding:《汉语句子的韵律结构》,《声学学报》2002 年第 5 期,第 389—392 页。

[23] 郑秋豫:《语篇的基频构组与语流韵律体现》,《语言与语言学(Language and Linguisticsw)》2010 年 11 月 2 日,第 183—218 页。

殷治纲 中国社会科学院语言研究所,副研究员。主要研究领域为语音韵律节奏、语料库语言学、语言多模态、话语交际理论、法律语言学、语音工程,以及语音和句法、语义、语用的接口研究。
E-mail: yinzhg@ cass. org. cn

Style-specific Rhythms of Mandarin in 4 Different Genres

Weijing Zhou, Huiping Song, Francis Nolan, Jian Gong, Xiaojiao Xue

Abstract This paper investigates the style-specific rhythms of Mandarin in 4 different genres using acoustic measures so as to generate more macro and micro understanding of the speech rhythms of Mandarin. It took News, Dialogue, Short story and Weather forecast as the different genres. All the data were natural and authentic materials downloaded from China CCTV websites and analyzed using 6 acknowledged rhythmic measurements: speech rate, %V, △C, VarcoC, rPVI-C and nPVI-V. The findings show that the rhythms of Mandarin in four genres all fall towards the "syllable-timed" ends of the timing continuum, demonstrating a broadly similar rhythmic pattern for Mandarin, but the four genres of Mandarin significantly differ from each other in speech rate, interval measures and pairwise variability indices, revealing the stylistic variations within the same rhythmic pattern, and that current rhythmic measurements vary in their powers in classifying stylistic rhythms of Mandarin with %V, △C and nPVI giving the best categorization in this study.

Key Words Style-specific rhythms of Mandarin; Different genres; Rhythmic patterns; Variations

1. Introduction

The traditional phonetic classification of language rhythm as stress-timed or syllable-timed is attributed to Pike [1]. This dichotomy has been both defended [2, 3, 4] and refuted [5, 6, 7, 8] by both practitioners and phoneticians. Since the turn of the 20th century, three influential proposals have been offered for describing the rhythmic structure of languages from acoustic-phonetic measurements. Ramus et al. [9] has suggested a metric based on the proportion of vocalic material (%V, △V, △C;), and Dellwo [10] has highlighted the variability of vocalic and consonantal intervals (VarcoV, VarcoC), and Low, Grabe & Nolan [11] and Grabe & Low [8] have proposed Pairwise Variability Indices (nPVI, rPVI) calculated from the differences in vocalic and consonantal durations between successive syllables. Other researchers have also found that speech rate significantly contributes to the rhythm of language [7, 12, 10]. Recent studies demonstrate that rhythm of language is a complex issue [13, 14, 15, 16] and it may vary from language to language as a continuum from typical stress-timed to typical syllable-timed. For Mandarin, the rhythm varies from one accent to another due to lexical tones and the portion of neutral tones in the speech, and may probably vary from one genre to another within the same language due to the different phonetic realizations of genres as their natures require. So far, most studies on stylistic rhythms of Mandarin use only accents [17] or at most two genres [18] (using news broadcast vs interview), so more studies comparing stylistic rhythms of Mandarin are needed in order to further explore the relationship between speech styles and rhythm. Based on a comparative acoustic research design, the present study intends to explore the rhythms of Mandarin in 4 genres so as to generate more macro and micro understanding of stylistic rhythms of Mandarin.

2. Methodology

2.1 Research questions

The present study intends to address the research questions as follows:

1) Are there any general rhythmic patterns of Mandarin in 4 different genres?

2) Are there any rhythmic variations between 4 different genres of Mandarin?

2.2 Subjects

The subjects consist of 8 standard native speakers of Beijing Mandarin: 2 (1 male and 1 female) for each genre, i. e., News, Short story, Dialogue and Weather forecast.

2.3 Materials

The materials for the present study consisted of 8 discourses in 4 different genres taken from authoritative CCTV websites, and each genre had two discourses read by 1 male and 1 female speaker respectively. The two versions of each genre were similar to each other in their topic and discourse duration, but different in their specific contents (See Table 1).

Table1 Information of the materials for each genre

Genre	Gender	Website
Dialogue	Male	http://v.qq.com/cover/e/epvinvenk5tukp4.html
	Female	
Story	Male	http://www.tudou.com/programs/view/Jr6f2y3gx78/
	Female	http://www.zzstep.com/983384-download.html
Weather	Male	http://tv.cntv.cn/video/VSET100224447532/d25535096b2e441994ade45166b45489
forecast	Female	http://tv.cntv.cn/video/VSET100224447532/65c8d72b7e0c495d8f527b760237 3c63
News	Male	http://tv.cntv.cn/video/C10437/fc78fdd27c5c4822a60f181d44da7028
	Female	http://tv.cntv.cn/video/C10437/f389f64dc7714a0788d44845ba933c48

2.4 Data analysis

2.4.1 Annotation

All the downloaded sound files were digitized and manually annotated via Praat 5400-win32. The labeling was in accordance with C-ToBI labeling system. The annotation consists of 5 tiers:

1) Sentence tier: label the sentence of all the materials in Chinese characters (Silence was marked as "sil").

2) Orthographic tier: label every word in Pinyin; mark the pauses between words and within the words as "pause").

3) Segment tier: label every word in IPA symbols.

4) Syllable tier: label the materials as separated syllables.

5) Rhythm tier: label one or several contiguous consonants as "c", one or contiguous vowels as "v".

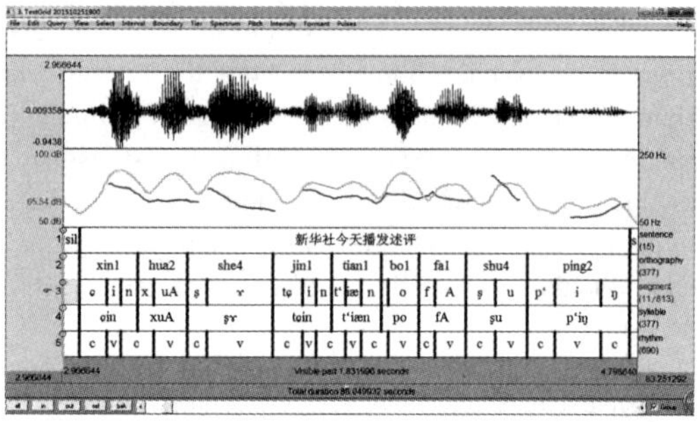

Figure 1 An annotation sample of the Mandarin utterance of "新 xin1 华 hua2 社 she4 今 jin1 天 tian1 播 bo1 发 fa1 述 shu4 评 ping2." read by a male China CCTV news announcer.

2.4.2 Measures of rhythm

Durations (ms) of vocalic and consonantal intervals were extracted using a Praat script. Three kinds of rhythm measurements were applied for the data analysis for each sentence by each speaker, i. e., speech rates, interval measures (%V, △C, VarcoC) and pairwise variability indices (nPVI, rPVI).

- Speech rate: "articulation rate", i. e. the number of syllables per second excluding pauses
- %V: the proportion of vocalic durations within a sentence
- △C: the standard deviation of consonantal duration

- VarcoC: △C/mean consonantal duration ×100
- rPVI:

$$rPVI = \left(\sum_{k=1}^{m-1} |d_k - d_{k+1}| \right) / (m-1) \quad (1)$$

Notes: m: the number of consonants; d: the duration of the kth interval.

- nPVI:

$$nPVI = 100 \times \left[\sum_{k=1}^{m-1} \left| \frac{d_k - d_{k+1}}{(d_k + d_{k+1})/2} \right| / (m-1) \right] \quad (2)$$

Notes: m: the number of vowels; d: the duration of the kth interval.

2.4.3 Measures of statistics

The rhythmic data generated from the three kinds of rhythm measurements via Praat scripts were then analyzed by SPSS 16.0, mainly via One-way ANOVA and Duncan tests so as to find out the rhythmic variations between the 4 genres in each language.

3. Results and discussion

3.1 General Rhythmic Patterns of Mandarin in 4 Genres

By comparing the rhythmic values of Mandarin from 4 genres to the results presented by Grabe & Low [8], it is found that the % V and △C values of Weather forecast (53.33, 47.43,) and News (54.23, 49.24) are similar to those of the typically syllable-timed languages, such as French (50.6, 42.4) and Spanish (50.8, 47.5). And the △C values of Dialogue (43.88) and Short story (41.37) are within the same category of French (42.4) (see Figure 2). Meanwhile, rPVI and nPVI values of Dialogue (43.37, 42.92), Short story (47.55, 37.35), Weather forecast (49.50, 46.82), and News (52.02, 44.71) well matched with those of French in spite of a little distance from those of Spanish (see Figure 3). This consistency demonstrates the 4 genres of Mandarin shared the typical rhythm of syllable-timed language.

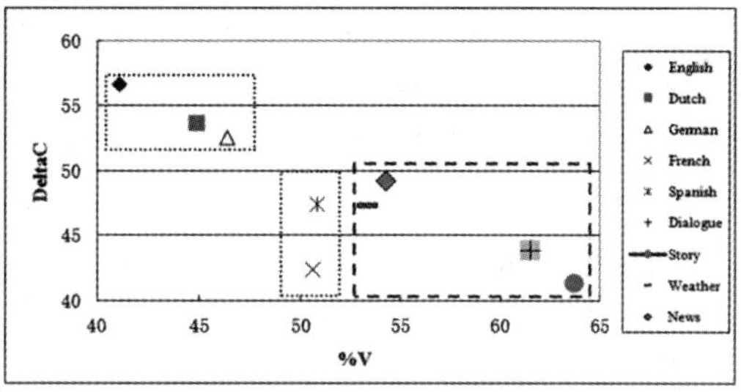

Figure 2 The %V and △C values of Mandarin in 4 genres in contrast to those of Grabe & Low (2002)

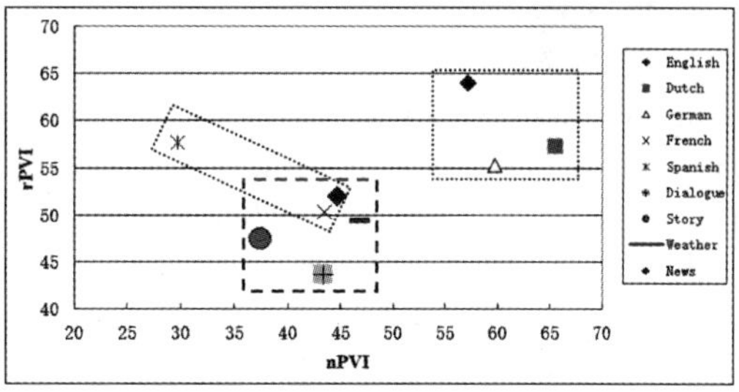

Figure 3 The rPVI and nPVI values of Mandarin in 4 genres in contrast to those of Grabe & Low (2002)

As Grabe & Low's study didn't include VarcoC, the parameters of VarcoC and % V of Mandarin in 4 genres were compared to those of Mok & Dellwo's study [17], once again proving that VarcoC grouped English and German, two typical stressed-timed languages, with all the genres of Mandarin (see Figure 4). As this grouping result violates the majority of findings from previous empirical studies and the syllable-timing impression of Mandarin, it is assumed that VarcoC might be invalid in classifying speech rhythms of different languages.

Inshort, the rhythmic values of % V, △C, rPVI and nPVI-V extracted from 4 speech genres of Mandarin all fall towards the "syllable-timed" ends of the timing continuum.

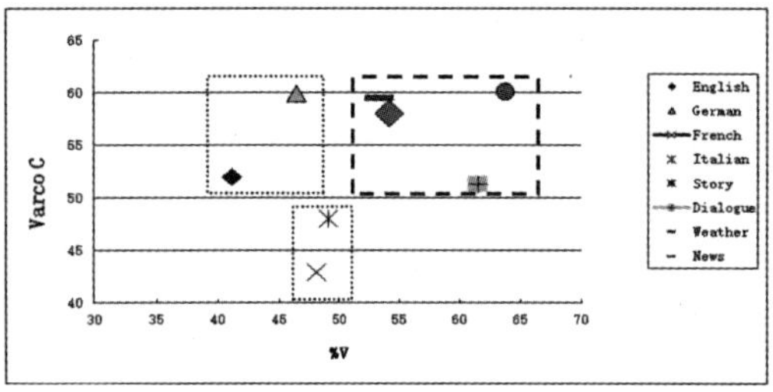

Figure 4 The % V and VarcoC values of Mandarin in 4 genres in contrast to those of Mok & Dellwo (2008)

Table 3 Duncan test of speech rates in 4 genres of Mandarin

Genre		N	Subject for alpha=0.05 1	2	3
dimension1	Story	2	2.55		
	News	2		4.14	
	Dialogue	2		4.43	
	Weather forecast	2			5.47
	Sig.		1.000	.370	1.000

Means for groups in homogenous subjects are displayed.

a. Uses Harmonic Mean Sample Size = 2. 000.

3. 2 RhythmicVariations of Mandarin in 4 Genres

3. 2. 1 Speech rate

Table 2 displays the speech rates of the 4 genres in Mandarin and the descending order is Weather forecast/Dialogue /News/ Story (5. 47/4. 43/4. 14/2. 55 syllables per second). Obviously, the speech rate of Story is very slow due to its fairy-tale theme and its emphatic nature [20]. The One-way ANOVA analysis displays significant differences among the speech rates of the 4 genres ($F(3, 7) = 35.225$, $p = 0.002$). The result of Duncan test reveals three distinct clusters of speech rates: Short story; Dialogue and News; and Weather forecast (see Table 3), whereas the speech rate difference between Dialogue and News is not significant ($p = 0.370$).

Table 2 Speech rates of Mandarin in four different genres

Genre	Gender	Total duration (s)	Total syllable numbers	Speech Rate (syl/sec)	Mean
Dialogue	Male	64	262	4.09	4.43
	Female	44	210	4.77	
Story	Male	69	185	2.68	2.55
	Female	45	109	2.42	
Weather forecast	Male	64	344	5.38	5.47
	Female	66	366	5.55	
News	Male	84	334	3.98	4.14
	Female	88	378	4.30	

Note: s: seconds; syl/sec: syllables of per second

3. 2. 2 Interval measures

For interval measures, the % V, △C and VarcoC values of four Mandarin genres differ from one to another (see Table 4), with descending orders as follows:

- % V: Story (63. 66) /Dialogue (61. 49) / News (54. 23) /Weather forecast (53. 33)
- △C: News (49. 24) /Weather forecast (47. 43) /Dialogue (43. 89) /story (41. 37)
- VarcoC: Weather forecast (52. 71) / News (51. 93) /Story (48. 89) /Dialogue (46. 72)

The One-way ANOVA analysis displays significant differences among all the three interval measures of the 4 genres: % V: $F(3, 7) = 468.862$, $p = 0.000$; △C: $F(3, 7) = 24.170$, $p = 0.005$; VarcoC: ($F(3, 7) = 15.090$, $p = 0.012$. The Duncan analyses show significantly distinct clusters in each genre (see Table 5, 6, and 7), specifically, 3 groups according to % V (Weather forecast and News; Dialogue; Story), and 2 groups according to both △C and VarcoC (Story and Dialogue; News and Weather forecast), indicating no significant differences in consonantal durations between Story and Dialogue, and between News and Story. The same grouping pattern of △C and VarcoC manifests their consistent predicting power in classifying the 4 stylistic rhythms of

Mandarin in this study.

Table 4 %V, △C &VarcoC values of Mandarin in 4 genres

Genre	Gender	%V	Mean	△C	Mean	VarcoC	Mean
Dialogue	Male	61.23		43.79		47.76	
	Female	61.75	61.49	43.98	43.89	45.68	46.72
Story	Male	63.39		40.16		48.57	
	Female	63.92	63.66	42.58	41.37	49.21	48.89
Weather forecast	Male	53.04		47.05		52.14	
	Female	53.62	53.33	47.81	47.43	53.28	52.71
News	Male	54.16		48.57		51.20	
	Female	54.31	54.23	49.90	49.24	52.65	51.93

Table 5 Duncan test of %V values in 4 genres of Mandarin

Genre		N	Subject for alpha=0.05		
			1	2	3
dimension1	Weather forecast	2	53.33		
	News	2	54.23		
	Dialogue	2		61.49	
	Story	2			63.66
	Sig.		.055	1.000	1.000

Means for groups in homogenous subjects are displayed.

a. Uses Harmonic Mean Sample Size = 2. 000.

Table 6 Duncan test of △C values of Mandarin in 4 genres

Genre		N	Subject for alpha=0.05	
			1	2
dimension1	Story	2	41.37	
	Dialogue	2	43.89	
	Weather forecast	2		47.43
	News	2		49.24
	Sig.		.068	.150

Means for groups in homogenous subjects are displayed.

a. Uses Harmonic Mean Sample Size = 2. 000.

3.2.3 Pairwise variability indices

Table 8 presents rPVI and nPVI values of Mandarin in 4 genres and the One-way ANOVA analysisexhibits significant variations among the 4 genres of Mandarin in terms of rPVI ($F(3, 7) = 242.843$, $p = 0.002$) and nPVI ($F(3, 7) = 36.282$, $P = 0.001$).

Table 7 Duncan test of VarcoC valuesof Mandarin in 4 genres

Genre		N	Subject for alpha=0.05	
			1	2
dimension1	Dialogue	2	46.72	
	Story	2	48.89	
	News	2		51.93
	Weather forecast	2		52.71
	Sig.		.098	.480

Means for groups in homogenous subjects are displayed.

a. Uses Harmonic Mean Sample Size = 2. 000.

Table 8 The rPVI and nPVI values of Mandarin in 4 genres

Genre	Gender	nPVI-V	Mean	rPVI-C	Mean
Dialogue	Male	42.97	43.37	43.71	43.70
	Female	43.77		43.68	
Story	Male	36.21	37.36	47.77	47.55
	Female	38.50		47.32	
Weather forecast	Male	46.83	46.82	49.24	49.50
	Female	46.81		49.75	
News	Male	45.30	44.71	52.31	52.02
	Female	44.12		51.72	

The Duncan test of the nPVI values (see Table 9) reveals that Short story (37.35) is the most syllable-timed, followed by two shared clusters: Dialogue (43.37) and News (44.71), and News and Weather forecast (46.82). It seems difficult to distinguish the vocalic durations of News from those of Dialogue and those of Weather forecast respectively. That is, the rhythm of News is a sort of midpoint overlapped with that of both Dialogue and Weather forecast. The grouping result based on nPVI values parallels the classification of News and Weather forecast into one group based on speech rate (see Table 3) and News and Weather forecast into one group based on %V, △C and VarcoC values (see Table 5, 6 and 7). This consistency confirms that nPVI, speech rate, %V, △C and VarcoC have the potentials to distinguish stylistic rhythms of Mandarin.

Table 9 Duncan test of nPVI values of Mandarin in 4 genres

Genre		N	Subject for alpha=0.05		
			1	2	3
	Story	2	37.36		
	Dialogue	2		43.37	
dimension1	News	2		44.71	44.71
	Weather forecast	2			46.82
	Sig.		1.000	.233	.091

Means for groups in homogenous subjects are displayed.

a. Uses Harmonic Mean Sample Size = 2. 000.

Table 10 Duncan test of rPVI values of Mandarin in 4 genres

Genre		N	Subject for alpha=0.05			
			1	2	3	4
	Dialogue	2	43.70			
	Story	2		47.55		
dimension1	Weather forecast	2			49.50	
	News	2				52.02
	Sig.		1.000	1.000	1.000	1.000

Means for groups in homogenous subjects are displayed.

a. Uses Harmonic Mean Sample Size = 2. 000.

However, the Duncan test of the rPVI values results in 4 significantly different rhythmic groups (see Table 10) . To be specific, Dialogue (43. 69) is the most syllable-timed, which is followed in a descending order by Short story (47. 55), Weather forecast (49. 49) and News (52. 02) . The above discrepant rhythmic patterns illustrate the different inherent powers of rPVI and nPVI when applied to syllable-timed language.

To sum up, in addition to theoverall significant rhythmic variations between the 4 genres, there also exist 3 sub-groups with none-significant rhythmic differences, mainly, News and Weather forecast (according to % V, △C, Varco C, nPVI); Story and Dialogue (according to △C and VarcoC); and News and Dialogue (according to Speech rate and rPVI) .

4. Conclusions

By comparison and contrast, the results of the present study reveal that the rhythms of Mandarin in four genres all fall towards the "syllable-timed" ends of the timing continuum, demonstrating a generally uniform categorical rhythmic pattern for Mandarin, and that the four genres of Mandarin significantly differ from each other in speech rate, interval measures and pairwise variability indices, revealing the stylistic variations within the same rhythmic pattern, and that current rhythmic measurements vary in their powers in classifying stylistic rhythms of Mandarin with % V, △C and nPVI giving the best categorization in this study. Though the 6 rhythm measures are not entirely consistent with each other, it is clear that all measures are potentially affected by speaking style.

5. Acknowledgements

This research was co-funded by Project 2011wy041J from China Planning office of Philosophy and Social Science, and Project G20190214022 from China State Burenu of Foreign Experts Affairs.

References

[1] Pike, K. L. 1945. *The Intonation of American English*. Ann Arbor: University of Michigan Press,.

[2] Allen, G. D. 1975. Speech Rhythm: Its Relation to Performance Universals and Articulatory Timing. *Journal of Phonetics*, Vol. 3, pp. 75-86.

[3] Couper, K. E. 1986. *An Introduction to English Prosody*. London: Edward Arnold.

[4] Cruttenden, A. 1997. *Intonation*. 2nd ed. Cambridge: Cambridge University Press.

[5] Dauer, R. M. 1983. Stress-timing and Syllable-timing Reanalyzed. *Journal of Phonetics*,

Vol. 11. pp. 51-62.
[6] Bertinetto, P. M. 1989. Reflections on the dichotomy "stress-timing" vs. "syllable-timing". *Revue de phonétique appliquée*. Vol. 3, 79 – 83.
[7Bartkova, K. 1991. Speaking rate modelization in French: Application to speech synthesis. *Proceedings of the 12th ICPhS*, Vol. 3, 483-485.
[8] E. Grabe and Low, E. L. 2002. Durational variability in speech and the rhythm class hypothesis. *Laboratory phonology*, Vol. 7, pp. 515-546.
[9] Ramus, F. Nespor, M. and Mehler, J. 1999. Correlates of linguistic rhythm in the speech signal. *Cognition*, Vol.73, pp. 265-292.
[10] Dellwo, V. 2006. Rhythm and Speech Rate: A Variation Coefficient for △C. In *International Congress of Phonetic Sciences*, P. Karnowski & I. Szigeti (eds.) Frankfurt am Main: Peter Lang, pp. 231-241.
[11] Low, E. L. Grabe, E. and Nolan, F. 2000. Quantitative Characterizations of Speech rhythm: "Syllable-timing" in Singapore English. *Language and Speech*, Vol. 43, no. 4, pp. 377-401.
[12] Dellwo, V. and Wagner, P. 2003. Relations between language rhythm and speech rate. In *Proceedings of 15th ICPhS*, 3-9, pp. 471-474.
[13] Arvaniti, A. 2009. Rhythm, Timing and the Timing of Rhythm, *Phonetica*, Vol. 66, pp. 46-63.
[14] Nolan , F. and Asu, E. L. 2009. The Pairwise Variability Index and Coexisting Rhythms in Language. *Phonetica*, (66): 64-77.
[15] Cumming, R. E. 2011. Perceptually informed quantification of speech rhythm in pairwise variability indices, *Phonetica*, Vol. 68, pp. 256-277.
[16] Nolanand, F. Jeon, H-S. 2014. Speech rhythm: a metaphor? *Transactions of the Royal Society B*. 369.
[17] Mok, P. P. K. and Dellwo, V. 2008. Comparing native and non-native speechrhythm using acoustic rhythmic measures: Cantonese, Beijing Mandarin and English, *Proceedings of the 4th Speech Prosody*, At Campinas, Brazil.
[18] Benton, M. Dockendorf, L. Jin, W. Liu, Y. and Edmondson, J. 2007. The continuum of speech rhythm: computational testing of speech rhythm of large corpora from natural Chinese and English speech. *The 16th ICPhS*. Saarbruchen, 1269-1272.

周卫京 扬州大学特聘教授 扬州大学语音—听觉—认知科学研究中心主任。主要研究方向为英汉语音与韵律对比实验研究、二语英语语音习得、二语汉语语音习得、言语产出与感知、英语通用语研究的基础理论研究、方法研究及其在语言教学和言语工程中的应用研究。
E-mail: zwjzj513@163. com

宋会萍 南京视觉艺术职业学院，助教。主要研究方向为英汉语音对比和二语英语语音习行。
E-mail: loisollo@163. com

Francis Nolan 英国剑学大学语音学教授。主要研究方向为语音学理论与描述、实验语音学、语调及其在法侦语音学中的应用、基础音系学、言语加工与识别等。
E-mail: fin1@com. ac. UK

龚 箭 江苏科技大学外国语学院，副教授。主要研究领域为实验语音学视域下的二语语音加工机制与信号处理研究及其在二语语言教学中的应用研究。
E-mail: habaogj@hotmail. com

薛小姣 扬州大学外国语学院，副教授。主要研究领域为应用语言学、英语语音学、声学语音学、英语二语语音习得机制及其在互联网 + 外语课程教学中的应用研究。
E-mail: xjxue@yzu. edu. cn

北京话声母/n/、/l/声学特征差异

梁煜珠

摘　要　为确定鼻音/n/、边音/l/作为声母时声学特征差异有哪些，本文通过独立样本 t 检验来判断鼻音/n/、边音/l/的声学特征是否有显著差异。这些衡量鼻音、边音的声学特征包括共振峰、带宽、时长、音强。得到以下结论，/n/、/l/的主要差异是第二共振峰带宽、第一共振峰、第二共振峰，且/n/第二共振峰的带宽大于/n/的其他带宽和/l/的带宽，/n/的 F1 低于/l/的 F1，/n/的 F2 高于/l/的 F2。与以往研究数据相比，本文研究结果/n/第二共振峰频率高于以往研究数据，/l/共振峰频率和以往研究数据差异小。
关键词　鼻音/n/；边音/l/；声学特征

Acoustic Differences between /n/ and /l/ in Beijing Dialect

LIANG Yuzhu

Abstract To identify the difference in acoustic features between /n/ and /l/ as initials, this paper uses independent sample t-test to determine whether their acoustic features are significantly different. The acoustic features under investigation are formant, bandwidth, duration, and intensity. It is concluded that the main differences between /n/ and /l/ lie in the second formant bandwidth, the first formant, and the second formant. Furthermore, the B2 of /n/ is higher than the other two bandwidths of /n/ and all three bandwidths of /l/, and the F1 of /n/ is lower than that of /l/, F2 of /n/ is higher than that of /l/. Compared with the results of previous studies, F2 of /n/ in this study is higher, although the formant values of /l/ is similar to those in previous studies.
Key words Nasal; Lateral; Acoustic features

1. 引言

1.1　鼻音/n/、边音/l/的声学特性

普通话声母/n/为舌尖浊鼻音，普通话声母/l/为舌尖浊边音，两者发声时都会由声带颤动而产生周期性频率。/n/、/l/都有类似元音的共振峰，但共振峰能量较弱，显示的横杠比元音淡［16］。发鼻音/n/时，舌面和上颚接触形成阻塞口腔气流通路，软腭下降，声道形成两个共鸣腔体，咽腔加口腔是其中一个，鼻腔为另一个，气流从鼻腔通过。发边音/l/时，舌尖接触的位置比齿龈靠后，口腔中间通路阻塞，气流从舌头的两边通过［15］。

鲍怀翘等［14］总结前人的研究发现，边音频谱能量分布趋势、各共振峰的带宽与元音相似。鼻音能量集中在低频区，低中频能量分布均匀。鼻音在 250Hz 处有一主要共振峰，在 2200Hz 处会出现几个高而弱的共振峰。

有以下研究得到了/n，l/的各项声学参数。鲍怀翘等［14］普通话辅音声学参量表包括了男性、女性发音人/n，l/的时长、音强、前三个共振峰频率值。朱晓农、焦妮娜［19］给出了/l/的时长和前三个共振峰频率。而吴宗济［17］则是测量了一位 51 岁北京男性发音人这两个声母的共振峰频率和振幅。

Ladefoged［6］［7］对比了英语的三个词尾鼻音/n，m，ŋ/，并给出了词首边音/l/的前三个共振峰频率。Reetz 和

Jongman［12］得到成年男性边音/l/前三个共振峰平均频率。Recasens［11］收集了1967年至1973年9个前人对词尾鼻音/n/的研究数据，包括6种自然语言，还收集了1957年至1977年5个前人的合成实验数据，最后测得加泰罗尼亚语（Catalan）词尾鼻音/n/的F1频率。Ladefoged和Maddieson［5］测量了东阿兰达（Eastern Arrernte）语两个舌尖边音和两个舌叶边音的前三个共振峰的频率。Fujimura［3］得到处于元音中间的鼻音/n/的前四个共振峰频率。Fant［1］估计如果喉门经咽腔、口腔到嘴唇长16cm，反共振副腔长4cm，得到了龈边音的前三个共振峰频率。Johnson［4］评价这个模型过于简化，因为出口腔的直径小于从声门到横向收缩的管的直径。Lisker［8］做了美式英语/l/的感知实验，让/l/处于两个元音中间，最后得出了/l/的前三个共振峰频率值，可以使感知一致度最高。Tarnóczy［13］测到母语为英语的男性发音人词首/n/和/l/共振峰频率。

1.2 研究问题

/n/、/l/发音部位相同，发音方法不同。汉语辅音主要知觉特征的位次是：清/浊，送气/不送气，摩擦/非摩擦和部位（前、中、后），而汉语辅音中不存在鼻和口的对立，浊边音l和浊鼻音n处于同一特征“浊音”中［18］。为了区分声母鼻音/n/、边音/l/，我们将对北京话声母/n/、/l/声学特征异同进行探究，也就是它们发音方法的不同是如何体现在声学特征上的。同时也会与上文提到的研究进行对比，以了解本文数据和以往研究得到的参数是否有差距。

鼻音/n/、边音/l/在频谱上相似，有类似元音的共振峰，所以衡量鼻音/n/、边音/l/的声学特征有共振峰、共振峰带宽、音强、时长。本文通过对比分析鼻音、边音声学特征上的异同，拟回答以下问题，鼻音/n/、边音/l/声学上的主要差别有哪些。

2. 实验情况

2.1 语料及语料标注

本文的研究对象为110个汉语普通话音节，选自《现代汉语词典》第六版。110个汉语普通话音节包括55个以/n/为声母的音节和55个以/l/为声母的音节，鼻音组音节和边音组音节韵母相同。由6名北京地区的普通话发音人录制而成（3男3女），发音人都为在校大学生，年龄从18岁到22岁不等，每个人每个音节录制10遍。录音参数为：单声道录音，采样率44100Hz，采样精度16bit。

鼻音、边音与元音相接时都有断层式的过渡，振幅阶越式的变化，可以清晰辨别声母部分进行标注。但鼻音、边音与韵母之间有音渡，鼻音和边音的音渡仅有过渡段没有送气段［14］，标注时并不包括过渡段，仅标注声母部分。

2.2 数据提取及数据分析

在Praat中按上述标准标注语料后，通过Praat脚本提取前三个共振峰、共振峰带宽、时长、音强。使用脚本提取出两个辅音稳定段部分10个等分点的共振峰数据、10个等分点共振峰带宽。提取音强的最大值、平均值、最小值。

数据分为鼻音组和边音组，目标是对比两组的声学特征，包括第一共振峰、第二共振峰、第三共振峰、第一共振峰带宽、第二共振峰带宽、第三共振峰带宽、时长、音强最大值、音强平均值、音强最小值。所以男性发音人鼻音组的F1、F2、F3各有$3\times10\times55\times10=16500$个数据，鼻音组的B1、B2、B3各有$3\times10\times55\times10=16500$个数据，边音组亦同。鼻音时长、边音时长各有$3\times10\times55=1650$个数据。鼻音和边音的最大音强、平均音强、最小音强各有$3\times10\times55=1650$个数据。女性发音人亦同。

在Excel中初步处理后，使用SPSS 19.0对已提取的数据进行了独立样本t检验，以判断鼻音、边音的声学特征是否有显著性差异。

3. 共振峰

3.1 共振峰独立样本t检验结果

表1和表2是鼻音组、边音组的共振峰对比结果。对比男性、女性发音人共振峰频率描述统计与独立样本t检验结果发现，男性发音人和女性发音人结果基本一致。鼻音和边音的前三个共振峰频率都差异显著，但男性发音人鼻音组和边音组F3赫兹值独立样本t检验结果 $p = 0.044$，接近0.05，差异较小。平均频率显示，/l/的F1、F3频率分别高于/n/的F1、F3频率。女性鼻音、边音F1相差45Hz，男性鼻音、边音F1相差仅有15Hz。/l/F3频率高于/n/F3，高大约39Hz（男）、37Hz（女）。/n/F2频率高于/l/F2，高大约112Hz（男）、119Hz（女），鼻音和边音F2的差距较大。标准差显示，鼻音组数据离散程度都高于边音组，除了男性鼻音组F3数据离散程度低于边音组F3。

表1 男性发音人共振峰频率描述统计与独立样本t检验结果

	鼻音组	边音组
F1/Hz	309.733	324.818
标准差	114.823	89.909
检验结果	$t = -13.286$, $df = 31200.695$, $p < 0.001$	
F2/Hz	1638.846	1526.456
标准差	402.343	288.417
检验结果	$t = 29.149$, $df = 29877.828$, $p < 0.001$	
F3/Hz	2588.905	2594.281
标准差	221.75	260.496
检验结果	$t = -2.018$, $df = 32167.179$, $p = 0.044$	

表2 女性发音人共振峰频率描述统计与独立样本t检验结果

	鼻音组	边音组
F1/Hz	327.408	371.935
标准差	105.539	92.22
检验结果	$t = -40.316$, $df = 31465.310$, $p < 0.001$	
F2/Hz	1835.792	1716.608
标准差	514.808	352.673
检验结果	$t = 24.529$, $df = 29184.090$, $p < 0.001$	
F3/Hz	2929.246	2965.851
标准差	454.85	304.442
检验结果	$t = -8.590$, $df = 28803.130$, $p < 0.001$	

考虑到人的听觉，Bark域中能够更加真实地反映人耳对信号产生的感觉，我们使用Schroeder［14］提出的转换公式将发音人的共振峰频率值转换成Bark值，同频率值结果相比，男性鼻音、边音第三共振峰Bark值检验结果为 $t = -0.529$, $df = 31578.510$, $p = 0.597 > 0.05$，属于边缘显著，没有显著差异。

表3 男性发音人共振峰Bark值描述统计与独立样本t检验结果

	鼻音组	边音组
F1Bark值	3.181	3.342
标准差	1.024	0.827
检验结果	$t = -15.743$, $df = 31596.810$, $p < 0.001$	
F2Bark值	11.421	11.035
标准差	1.582	1.154
检验结果	$t = 25.256$, $df = 30143.104$, $p < 0.001$	

续表

	鼻音组	边音组
F3Bark 值	14.612	14.615
标准差	0.558	0.691
检验结果	t = −0.529，df = 31578.510，p = 0.597 > 0.05	

表4　女性发音人共振峰 Bark 值描述统计与独立样本 t 检验结果

	鼻音组	边音组
F1Bark 值	3.359	3.789
标准差	0.961	0.835
检验结果	t = −42.858，df = 31415.048，p < 0.001	
F2Bark 值	12.07	11.772
标准差	2.075	1.308
检验结果	t = 15.563，df = 27818.892，p < 0.001	
F3Bark 值	15.399	15.527
标准差	1.038	0.688
检验结果	t = −13.147，df = 28644.037，p < 0.001	

3.2　小结

鼻音、边音的共振峰频率值和 Bark 值对比结果一致，仍然是鼻音的 F1、F3 平均值分别低于边音的 F1、F3 平均值，鼻音的 F2 平均值大于边音的 F2 平均值。但鼻音和边音的共振峰数据有重叠的部分，如图 1 和图 2 所示。鼻音组和边音组数据的对比图以 F1 为横坐标，以 F2 为纵坐标，灰色为鼻音组数据，黑色为边音组数据。图中显示鼻音组共振峰数据范围更大，而边音组数据较集中，鼻音组和边音组数据有重叠部分。所以，虽然检验结果显示鼻音和边音在 F1、F2 上有差异，但共振峰频率值差异不大。

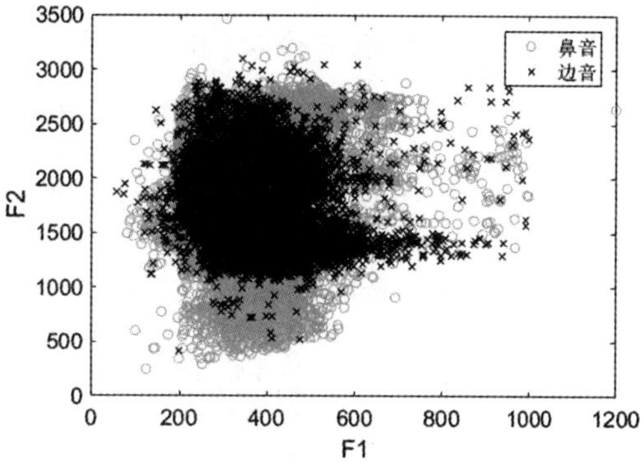

图1　女性发音人共振峰频率值对比

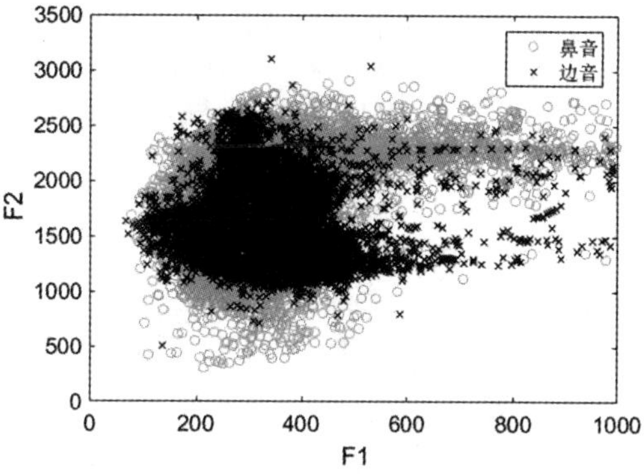

图2　男性发音人共振峰频率值对比

上文中提到鼻音能量集中在低频区，低中频能量分布均匀［14］。Johnson［4］也提出鼻音的主要特征有共振峰排列紧密。泰语（女性发音人）/n/（例词［naː］大米）共振峰相对边音/l/（例词［làː］驴）共振峰相隔更近，这是因为鼻音的主要共振管比边音的主要共振管长。鼻音共振峰之间的平均间距约为 800Hz，而边音为 1000Hz，鼻音 4000Hz 以下有四个共振峰，而边音只有三个。而本文结果鼻音 F2—F1 的差值平均为 1418.749Hz，大于边音 F2—F1 的差值 1273.156Hz。鼻音 F3—F2 的差值平均为 1021.757Hz，小于边音 F3—F2 的差值 1158.534Hz。本文共振峰之间的平均间距和上文提到的数据有差距，其中/n/的F1较/l/更低，F2较/l/更高，导致F2—F1差值较大。

4. 共振峰带宽

4.1 共振峰带宽独立样本t检验结果

共振峰的第二个参数为带宽（Bn），以共振峰巅值以下3dB处的宽度来定义［14］。表5、表6是鼻音组、边音组的共振峰带宽对比结果。根据独立样本t检验结果，男性发音人和女性发音人一样，鼻音、边音的三个共振峰带宽都差异显著。观察带宽平均值发现，边音带宽从小到大依次为B1 < B2 < B3；男性发音人鼻音带宽从小到大依次是B3 < B1 < B2，女性发音人是B1 < B3 < B2。标准差显示，女性鼻音组数据离散程度都高于边音组，男性鼻音组只有B2数据离散程度高于边音组。观察t检验中的t值可知，B1均值差异 < B3均值差异 < B2均值差异。

表5　男性发音人共振峰带宽描述统计与独立样本t检验结果

	鼻音组	边音组
B1/Hz	267.599	280.757
标准差	199.878	221.295
检验结果	$t = -5.627$，$df = 32169.514$，$p < 0.001$	
B2/Hz	778.408	289.506
标准差	494.599	262.021
检验结果	$t = 110.701$，$df = 24298.446$，$p < 0.001$	
B3/Hz	225.876	358.081
标准差	243.108	294.470
检验结果	$t = -43.971$，$df = 31178.946$，$p < 0.001$	

表6　女性发音人共振峰带宽描述统计与独立样本t检验结果

	鼻音组	边音组
B1/Hz	236.056	218.254
标准差	201.964	170.878
检验结果	$t = 8.839$，$df = 31473.054$，$p < 0.001$	
B2/Hz	637.799	320.091
标准差	527.101	302.806
检验结果	$t = 66.447$，$df = 25772.237$，$p < 0.001$	
B3/Hz	506.765	417.085
标准差	426.131	371.02
检验结果	$t = 20.045$，$df = 31133.994$，$p < 0.001$	

值得注意的是第二共振峰较弱，在提取时并不准确，为了排除极端值影响，我们观察对比了所有带宽中位数与平均值，见图3、图4，图中的数值没有保留小数点。发现鼻音B2的中位数分别比平均值低了大约90Hz（男）、170Hz（女）。鼻音B3的中位数比平均值低了大约80Hz（男）、130Hz（女）。鼻音B1比平均值低大约60Hz。再观察边音的带宽，边音B2比平均值低大约85Hz（男）、110Hz（女）。边音B3比平均值低大约80Hz（男）、115Hz（女）。边音B1比平均值低大约80Hz（男）、115Hz（女）。可以看出鼻音B2的平均值和中位数在带宽数值中都较突出。

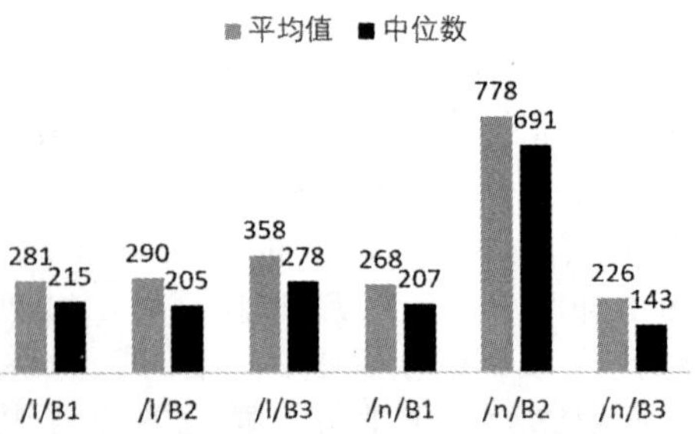

图3　男性发音人带宽数值对比

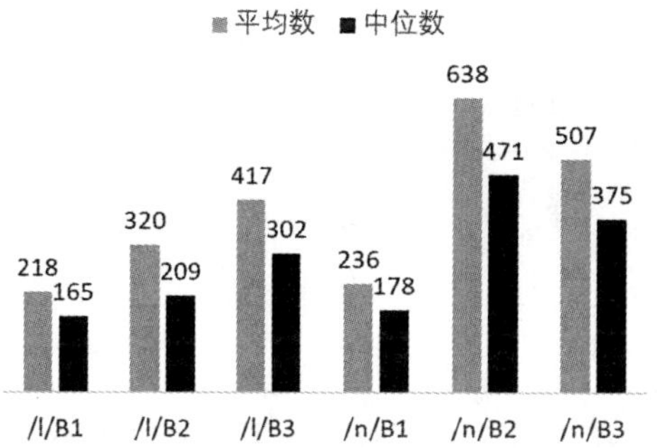

图 4　女性发音人带宽数值对比

4.2　小结

结合平均值和中位数，我们对/n、l/带宽进行讨论。首先对比鼻音、边音的带宽。以往研究结果表明边音有四个明显的共振峰［16］，它的第三共振峰振幅较强［5］。鼻音衰减较快，F1 带宽较宽，F2 较弱［20］。因鼻腔阻尼较大，鼻音的共振峰比边音弱，带宽都较宽［14］。本文女性发音人的结果符合鼻音带宽都大于边音带宽。也有研究表明/l/共振峰强度低［6］［7］。本文结果中男性发音人边音鼻音 B1 中位数仅相差 10.907Hz。

其次分析边音带宽。共振峰带宽与共振峰的次第有关，B1 最窄，B2 次之［14］，且由于舌尖后面的声腔受分流影响而成零点，边音 F2 以上的共振峰减弱［14］［16］。本文研究结果显示，发音人的边音带宽的平均值从小到大按顺序是 B1 < B2 < B3，女性边音带宽的中位数亦同，符合上文所说，但男性边音带宽中位数 B2 < B1 < B3。也符合 F2 以上的共振峰能量较弱的结论。

最后分析鼻音带宽。鼻音带宽中位数和平均值都不符合 B1 < B2 < B3。鼻音带宽比较呈现出：男女鼻音都是 B2 最宽。以往研究表明鼻音 F1 较强［14］，鼻音 F2 较弱［6］［7］［14］［16］［20］，鼻音 F3 也较明显，比 F2 强［7］。本文鼻音结果/n/带宽符合以上对三个共振峰的描述。也有不同的意见：F1 带宽较宽［20］，但本文结果表明鼻音 B1 较窄。

鼻音 F1 上的共振峰模式可以反映个人特征，因为鼻腔形状是固定的，而口腔的形状变化影响小［14］。观察六位发音人的 B2 中位数，三位男性发音人的 B2 中位数分别是 936.400Hz、539.924Hz、581.340Hz，三位女性的 B2 中位数分别是 568.630Hz、360.466Hz、548.870Hz。第一个男性发音人和第二个女性发音人 B2 与其他四人差距较大，其他四人的 B2 在 540—580Hz。

总结发现边音带宽中 B3 最宽，F3 能量最弱；鼻音带宽中 B2 最宽，F2 能量最弱。虽然男、女在鼻音和边音对比结果上有不同，但两者的鼻音 B2 宽于鼻音 B1、B3 和边音所有带宽，较为突出。以往研究表示第二共振峰带宽是鼻音最容易被感知到的特征［2］［9］［10］，F2 可以作为语音识别的标记［11］，本文结果也表现出鼻音 B2 的特殊性。

5. 时长和强度

5.1　时长

表 7 是鼻音组、边音组的时长对比结果。根据独立样本 t 检验结果，女性发音人鼻音、边音时长差异不显著，男性发音人鼻音、边音时长差异显著，且鼻音时长短于边音时长。男性和女性结果不一致。

表 7　鼻音、边音时长对比结果

		鼻音组	边音组
男	时长平均值/ms	63.85	66.032
	标准差	28.478	28.507
	检验结果	$t = -2.199$, $df = 3298$, $p = 0.028 < 0.05$	
女	时长平均值/ms	54.497	53.234
	标准差	24.997	20.758
	检验结果	$t = 1.573$, $df = 3164.699$, $p = 0.116 > 0.05$	

5.2 音强

表8、表9是鼻音组、边音组的音强对比结果。鼻音、边音在最大音强、平均音强、最小音强上都有显著差异。鼻音的最大音强、平均音强、最小音强分别大于边音相对应的音强,除了女性鼻音最大音强小于边音最大音强。观察标准差发现,边音组的标准差更大,男性发音人边音组的标准差比鼻音组标准差大平均2.6dB,女性发音人边音组的标准差比鼻音组标准差大平均1.5dB。观察t检验中的t值可知,最大音强均值差异<平均音强均值差异<最小音强均值差异。

表8 男性发音人鼻音、边音音强描述统计和独立样本t检验结果

	鼻音组	边音组
最大音强/dB	67.604	66.312
标准差	5.414	7.7
检验结果	t=5.575, df=2958.988, p<0.001	
平均音强/dB	64.642	61.78
标准差	5.229	7.766
检验结果	t=12.419, df=2889.131, p<0.001	
最小音强/dB	60.414	56.109
标准差	5.8	8.874
检验结果	t=16.495, df=2840.478, p<0.001	

表9 女性发音人鼻音、边音音强描述统计和独立样本t检验结果

	鼻音组	边音组
最大音强/dB	67.769	68.14
标准差	2.073	3.728
检验结果	t=-3.527, df=2579.770, p<0.001	
平均音强/dB	65.096	64.169
标准差	2.098	3.493
检验结果	t=9.246, df=2700.931, p<0.001	
最小音强/dB	61.013	59.254
标准差	3.393	4.859
检验结果	t=11.986, df=2948.217, p<0.001	

续表

6. 讨论

6.1 共振峰频率

我们把以往的数据分为“其他语言”和“汉语”两组,与本文得到的共振峰平均值进行比较,所以有三组/n/进行了对比,/l/亦同。图5是对比结果。Recasens[11]收集的研究/n/都为词尾。而Tarnóczy[13]研究对象/n/位于词首,其F1为260Hz,F3为2300Hz。Fujimura[3]研究对象/n/处于元音中间,前四个共振峰频率分别为300Hz、1000Hz、1400Hz、2300Hz。因Recasens解释可以将2000—2800Hz的任何频率归为F3,所以我们把Recasens研究中的/n/F4归入F3一起对比。

观察图5(a)可发现,本文结果/n/的F1稍低于汉语/n/的F1,三组/l/的F1主要集中在325—370Hz。以往研究提到鼻音F1低[3][4][12],边音F1低[14],男性发音人边音通常在400Hz以下[5]。本文结果/n、l/的F1范围在309—371Hz,符合以往研究结论。如图5(b)所示,本文结果/n/的F2频率较高,远远高于汉语/n/的F2。三组/l/的F2频率集中在1500—

1750Hz。如图 5（c）所示，本文结果/n/的 F3 稍高于汉语/n/，三组/l/的 F3 频率集中在 2500—3000Hz。本文结果的/n/与三组数据/l/在 325Hz、1650—1700Hz、2600—2900Hz 有重合。

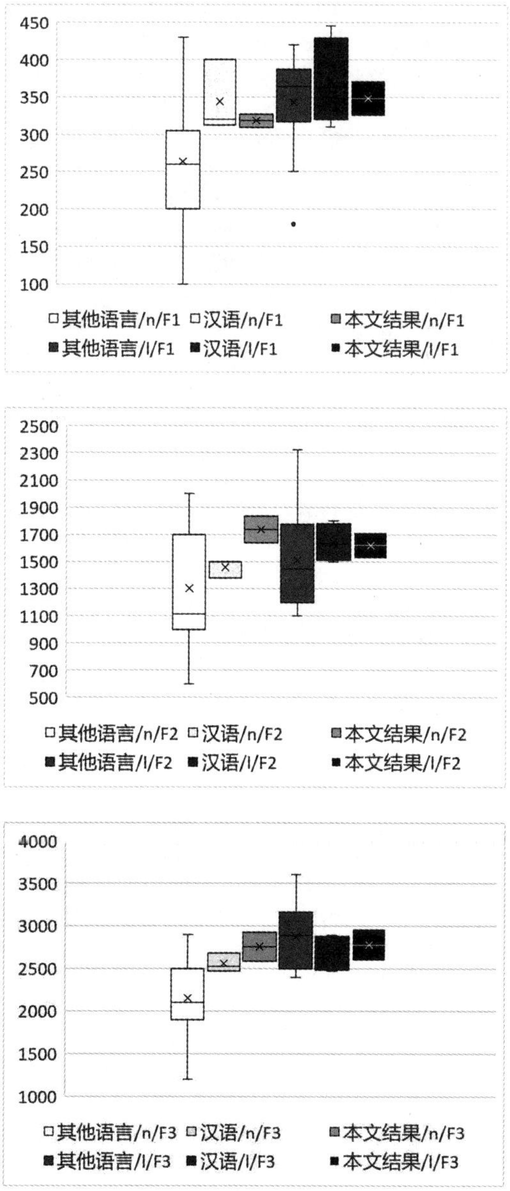

图 5　共振峰频率对比：F1 上图（a），F2 中图（b），F3 下图（c）

6.2　共振峰带宽

表 10　以往研究的带宽数据

	研究者	B1/Hz	B2/Hz	B3/Hz
词尾鼻音/n/	Nakata［9］	300	200	—
	Recasens［11］	100—150	250	—
	Pickett［10］	180	180	180
	研究者	L1/dB	L2/dB	L3/dB
普通话声母/n/	吴宗济［17］	39	22	22
普通话声母/l/		37	28	20

表 10 是以往鼻音、边音共振峰能量研究的具体数据。对比发现，本文研究结果的带宽中位数比平均值更接近表 10 得到的带宽频率值。鼻音第二共振峰能量弱的特点在词尾鼻音的研究中都没有呈现出来。吴宗济［17］得到了普通话声母/n、l/的振幅大小。带宽与振幅相互制约，成反比关系［14］。对比鼻音边音的振幅数据可以发现，/n/的 L2 小于/l/的 L2；/n、l/的 L1 最大；/l/的 L3 小于其他两个共振峰振幅。部分符合本文对鼻音、边音共振峰能量的描述，即鼻音第二共振峰比边音第二共振峰能量弱，边音第三共振峰能量较其他两个共振峰能量弱。

7. 结语

本文通过独立样本 t 检验，来判断鼻音、边音的共振峰、共振峰带宽、时长、音强等声学特征是否有显著性差异，得到：鼻音、边音共振峰频率差异显著。男性发音人鼻音、边音 F3 频率值独立样本 t 检验结果为 $p=0.044$，有显著差异，但相对较小。男性 F3 的 Bark 值独立样本 t 检验结果为没有显著差异。比较平均频率，/n/的F1、F3分别低于/l/的F1、F3，/n/的F2高于/l/的F2，F1、F2都是鼻音组离散程度更高。对比以往研究，鼻音F2较以往数据更高，且本文结果/n/与三组/l/集中的频率范围有重合。

男性、女性发音人的鼻音、边音共振峰带宽差异显著。且B1均值差异<B3均值差异<B2均值差异。/l/带宽平均值都符合B1<B2<B3，/l/的B3的中位数也总是大于其他两个带宽的。虽然男、女在鼻音和边音均值对比结果上有不同，但两者的鼻音B2远宽于鼻音B1、B3和边音所有带宽，较为突出。

男性、女性发音人的鼻音、边音音强差异显著，鼻音的最大音强、平均音强、最小音强分别大于边音相对应的音强，除了女性鼻音最大音强小于边音最大音强。女性发音人鼻音、边音时长差异不显著，男性发音人鼻音、边音时长独立样本t检验结果为$p=0.028$，有差异，但相对较小。

衡量鼻音/n/、边音/l/的声学特征有共振峰频率、共振峰带宽、音强、时长，但辅音的时长、音强两个特征对辅音的区别没有音色突出。男性发音人、女性发音人一些检验结果相反。如下：男性发音人鼻音、边音F3没显著差异；女性发音人鼻音、边音时长没显著差异；男性发音人边音B1、B3大于鼻音B1、B3，女性发音人的情况与之相反；男性鼻音的最大音强大于边音的最大音强，而女性发音人与之相反。所以我们只能肯定，鼻音/n/、边音/l/在第一共振峰频率、第二共振峰频率、第二共振峰带宽上有差异。

虽然/n/、/l/在以上声学特征中表现出了差异，但共振峰频率值差异不大，鼻音组和边音组数据显示在图中时有重叠部分，在与以往研究作对比时，发现/n/与/l/在共振峰频率上有重合。所以我们更可以确定第二共振峰带宽是鼻音/n/、边音/l/的主要声学差异。

而/n/、/l/在共振峰频率值差异达到多少时可以明显区分，可以通过合成和感知实验继续探索。至此，本文结果可以为语音的识别和合成提供数据参考。

参考文献

[1] Fant, G. 1960. *Acoustic Theory of Speech Production*. The Hague: Mouton.

[2] Fant, G. 1962. Descriptive analysis of acoustic aspects of speech. *Logos*, 5, 3-17.

[3] Fujimura, O. 1962. Analysis of nasal consonants. *Journal of the Acoustical Society of America*, 34, 1865-1875.

[4] Johnson, K. 2003. *Acoustic and Auditory Phonetics*. Oxford: Blackwell, 149-168.

[5] Ladefoged, P., Maddieson, I. 1996. *The Sounds of the World's Languages*. Oxford: Blackwell, 193-194.

[6] Ladefoged, P., Johnson. K. 2015. *A Course in Phonetics 7th Edition*. Beijing: Peking University Press, 210-213.

[7] Ladefoged, P. 2001. *Vowels and Consonants: an introduction to the sounds of languages*. Oxford: Blackwell, 54-56.

[8] Lisker, L. 1957. Minimal cues for separating/w, r, l, y/in intervocalic position. *World* 13, 256-267.

[9] Nakata, K. 1959. Synthesis and Perception of Nasal Consonants. *The Journal of the Acoustical Society of America*, 31, 661-666.

[10] Pickett, J. M. 1965. Some acoustic cues for synthesis of the /n-d/ distinction. *Journal of the Acoustical Society of America*, 38, 474-477.

[11] Recasens, D. 1983. Place cues for nasal consonants with special reference to catalan. *The Journal of the Acoustical Society of America*, 73, 1346-1353.

[12] Reetz, H., Jongman, A. 2009. *Phonetics: transcription, production, acoustics, and perception*. Oxford: Blackwell, 94-199.

[13] Tarnóczy, T. 1948. Resonance data concerning nasals, lateral and trills, *World*, 4: 71-77.

[14] 鲍怀翘、林茂灿：《实验语音学概要》（增订版），北京大学出版社2014年版。

[15] 孔江平：《实验语音学基础教程》，北京大学出版社2015年版。

[16] 林焘、王理嘉：《语音学教程》，北京大学出版社2013年版。

[17] 吴宗济：《普通话元音和辅音的频谱分析以及共振峰的测算》，《声学学报》1964年第1期，第33—40页。

[18] 张家騄、齐士钤、吕士楠：《汉语辅音知觉

结构初探》，《心理学报》1981年第1期，第76—85页。

[19] 朱晓农、焦妮娜：《晋城方言中的卷舌边近音［ɭ］——兼论“儿”音的变迁》，《南开语言学刊》2006年第1期，第33—39页。

[20] 朱晓农：《语音学》，商务印书馆2018年版。

梁煜珠 南开大学汉语言文化学院，硕士学位在读，主要研究方向为实验语音学。
E-mail：lyz333zzz@126.com

语言印象与语言态度
——8种汉语方言好听度的调查分析

冉启斌　孙越等

摘　要　本文报道普通话、沈阳话、郑州话、上海话、成都话、广州话、台北话、长沙话8种汉语方言的好听度调查及分析结果。通过专门设计的语音语料，获得全国范围1533份问卷结果。结果及分析看到，“最好听方言”广州话（30.2%）居首，长沙话排在最后（3.7%）。上海话、沈阳话、郑州话、台北话、成都话的比例顺序在男性和女性中存在差异；不同年龄段的差异不显著；被调查者的地域背景对选择结果存在影响。分析还看到，对方言的印象与对说这种方言的人的印象在一定程度上存在相关性。

关键词　汉语方言；好听度；社会调查；语言态度；语言印象

Language Impression and Language Attitude: A Survey on Which Chinese Dialect Sounds Most Pleasant

RAN Qibin　SUN Yue et al.

Abstract We investigate the pleasantness of 8 dialects, namely Mandarin, the Shenyang Dialect, the Zhengzhou Dialect, the Shanghai Dialect, the Chengdu Dialect, the Guangzhou Dialect, the Taiwanese, and the Changsha Dialect under the theme of "Which dialect is nicest to listen to". 1533 questionnaires based on a specially designed speech corpus were obtained nationwide. The results and analysis show that "the most pleasant dialect" is ranked as Guangzhou Dialect(30.2%), Mandarin(17.7%), Shenyang Dialect(12.5%), Shanghai Dialect(11.4%), Taiwanese(6.9%), Chengdu Dialect(6.4%) and Changsha Dialect(3.7%). Among the eight kinds of feeling factors, "comfortable" and "kind" are the common factors why a dialect is chosen. The order of the Shanghai Dialect, Shenyang Dialect, Zhengzhou Dialect, Taiwanese, and Chengdu Dialect differs among men and women while the difference is not significant between different age groups. Besides, strong correlations were found between the impression towards a certain dialect and the person who speaks it.

Key words Chinese dialects; Pleasantness of dialects; Investigation; Language attitude; Language impression

1. 引言

语言态度是社会语言学的一个重要研究课题，对语言态度的研究始于20世纪60年代的美国（Lambert，1963），国内则从20世纪末才开始起步，在社会语言学的相关论著与论文中有所涉及（祝畹瑾，1985，戴庆厦，1993等）。关于语言态度的界定问题，不同的学者有不同的观点。戴庆厦（1993）认为“语言态度又称语言观念，是指人们对语言的使用价值的看法，其中包括对语言的地位、功能以及发展前途的看法”；桂诗春等（1997）介绍了国外心智主义和行为主义的观点；王远新（1999）将二者的观点融合，认为“在双语或多语社会中，由于社会或民族认同、情感、目的和动机、行为倾向等因素的影响，人们会对一种语言或文字的社会价值形成一定的认识或做出一定的评价，这种认识和评价通常称为语言态度”。不同学者虽然表述有异，但大多都从语言价值的角度出发去定义语言态度。陈松岑（1999）的界定和分类相对更加系统，认为语言态度可以分为感情和理智两个方面：语言态度在感情方面表现为“说话人或听话人在说到、听到某种语言时，在情绪、感情上的感受和反映”；在理智方面表现为“说话人或听话人对特定语言的使用价值和社会地位的理性评价”。对于一种语言或方言，人们先通过接触在脑中形成印象，然后结合心理倾向，形成了对该语言或方言的态度。语言态度进一步外化为具体的行为，如乐于或排斥听到、使用某种语言等。本文主要分析“哪种汉语方言最好听”的调查结果，因此主要研究积极的语言印象和语言态度。

相对于本体研究来说，汉语语言印象与语言态度方面的研究较少；有限的研究中调查的对象和范围又大多限于某些单一的社会群体对某一方言或民族语言的态度，如张积家、杨卓华、朱诗敏（2003），郭凤鸣（2007），杨玉（2013）等，针对的基本都是在校大学生对某些语言或方言的印象或态度。本文通过全国范围的问卷，调查8种汉语方言的好听度，进行基于较大样本的语言印象与语言态度的分析。

2. 调查情况

2.1 被调查汉语方言的选取

基于政治、经济、文化和方言特色等因素，同时限于项目的时间和精力，我们选取了普通话、沈阳话、郑州话、上海话、成都话、广州话、台北话、长沙话8种汉语方言作为调查对象，涉及汉语五大方言（北方方言、粤方言、吴方言、闽南话、湘方言）①。人们一般对方言的感知并不是从方言本身的声韵调系统出发，而是从地方话、代表城市划分的，如河南话和东北话虽都属于北方方言，但人们听起来是不同的腔调，对两种方言的印象感知也是有所不同的，因此选取上述8种汉语方言作为调查对象是比较合适的。

2.2 调查文本与录音

为了获取普通人们对不同汉语方言的印象和态度，我们设计了针对大众的“哪种汉语方言最好听”的调查。被调查的普通大众在听到前述8种汉语方言多方面因素经过严格控制（详后）的录音后，要求从8种方言中选择1种作为最好听的方言。

影响人们对不同语言或方言印象的因素非常多。被调查者听到的内容不同、风格不同，说话人的性别、年龄不同等，都可能影响到最终结果的选择。例如一段散文或诗歌，不同地区的人用自己的方言表现出来，给人的听感印象很可能会大相径庭。男性与女性、老人与年轻人，甚至相同性别与年龄但发音人的嗓音音质不同，都可能对“哪种方言最好听”的听感结果造成影响。为了最大限度地控制不同因素对听话人选择的影响，我们以一段不带感情色彩的问路对话为对象，其设计“台词”的普通话版本参见附录1“调查问卷”中的录音文本。每种方言选取2名土生土长的当地青年学生（男、女各1名，无口咽喉疾病，嗓音正常）进行发音。由于不同方言使用的词汇、表达方式等都可能不同，发音时要求发音人先熟悉“台词”，然后尽量按照当地人在街头问路时的实际正常对话进行发音。通过这些方法以使8种汉语方言的发音各方面可以控制的因素都得到严格控制。

方言录音时长过短会不利于被调查人做出判断；时长过长被调查者会感到疲劳。8种汉语方言对话录音的实际时长均为20秒左右，时间长度上比较合适。

所有方言录音均使用完全相同的录音参数及格式。采样率22050Hz，存储字节16位，单声道，文件格式.wav。

2.3 问卷设计

全部调查问卷见附录1。

问卷开始设计了3个问题以了解被调查者的基本信息，包括被调查者的性别、

① 需要特别说明的是，汉语普通话是国家法定的汉民族共同语，并不是某种“方言”，这里为方便称说都一律称为“方言”。另外，所谓“台北话”不是台北所说的“国语”，而是指口语中所说的闽南话。这些问题后面都不再单独注明。

年龄段和家乡（见附录1“调查问卷”问题1、2、3）。

此后为播放8种汉语方言的录音文件。8种方言录音以不具名的方式随机呈献给被调查者，即被调查者听到的只是8段录音，并不呈现每种方言的名称。被调查者以听感为判断依据，在问卷上选择其认为最好听的录音段落的号码即可（见附录1“调查问卷”问题4）。

调查问卷除了上面提到的简单询问被调查者“哪种方言最好听”外，还设计了其他4个简单问题（问题5—8）以了解可能影响被调查者判断的因素。对于不同方言的印象或影响“方言好听”的因素（问题5），我们参考龙惠珠（1998，1999），高一虹、苏新春、周雷（1998）等有关语言态度的因素（例如“亲切”），并结合当前调查的实际情况和我们自己的理解，设计了9个可能和“方言好听”有关的因素作初步的探索：文雅、舒服、亲切、清晰、易于理解、语速适中、抑扬顿挫、听得多、朴实。被调查者可以从中选择1个或多个因素以表明前面所选“哪种方言好听”的原因。问题6设计为询问被调查者认为其所选的录音段落为哪种方言，这是为了考察被调查者自认为所选的最好听方言是哪种方言，后期可以分析被调查者自认为最好听的方言是否和实际方言相匹配。问题7设计为考察被调查者对自认为最好听方言所在地的人们的印象，以观察方言好听与说该方言的人之间的关系。问题8设计为问题7的延续，考察对说该种方言人们产生某种印象的原因。

所有题目均为必答题，在回答完全部题目后方能提交。

2.4 调查实施

问卷主要通过“问卷星”在手机等移动平台进行调查。同时也通过微信、E-mail、微博、QQ等社交工具进行调查。调查在2015年8—10月进行。

2.5 调查结果基本情况

调查共得到问卷2103份。鉴于有些问卷可能是被调查者随意填写一下即提交，以正常填写本问卷应该花费的时间为参照，将实际填写时间不小于200秒的问卷剔除，得到有效问卷1533份。使用SPSS20.0对问卷结果进行有关统计分析，使用Excel统计制图。

所有1533份调查问卷的被调查者基本情况如下。

从性别上看，男性为561人（36.6%）；女性为972人（63.4%），女性明显多于男性（女性是男性的约1.7倍）。这可能与“哪种方言好听”这一调查性质有关，女性对语言或方言的印象这一话题更感兴趣，更乐于完成本问卷的调查，因此最终参与度比较高。

从年龄段上看，18岁以下者52人（3.39%）；18—25岁者965人（62.95%）；26—30岁者237人（15.46%）；31—40岁者194人（12.65%）；41—50岁者64人（4.17%）；51—60岁者13人（0.85%）；60岁以上者8人（0.52%）。可以看出被调查者中的青年人远远多于中、老年人，尤其是18—25岁这一年龄段占整个被调查人数的五分之三以上（62.95%），成为被调查的主体部分。这很可能与此次调查采用“问卷星”等移动平台以及使用微信、E-mail等电子手段有关。年轻人十分频繁地使用相关电子设备，操作也非常熟练；而中、老年人对这些新的媒介形式本身接触得比较少，因此造成两种年龄段的被调查者人数悬殊非常大。

所有被调查者的地域情况及其比例参见附录2，这里简要说明如下。在中国的34个省级行政区划中，除西藏和台湾外其余的32个省市/自治区均有被调查者参与了此次调查。各省市/自治区的被调查者人数相差很大。广东省的人数最多，占整个被调查人数的约10%。其后的其他省市人数从百余人到10数人不等。其中海南、宁夏等省市的人数不足10人，新疆则只有3人参与，青海、香港、澳门甚至各只有1人参与。西藏自治区没有调查者参与，可能与网络控制、语言差异、网民人数等多方面的因素有关。台湾地区没有被调查者参与主要与地区间的网络阻隔有关。人数偏少或没有调查者参与的地区无法人为重新弥补了。

3. 方言好听度及其影响因素

3.1 8种方言的好听度总体排序

被调查者的语言态度通过“哪种方言最好听”的问题体现，选择某一方言为最好听的方言即对这种方言表现出最积极的语言态度。8种方言的总体调查结果参见表1。从表中可以看到，“最好听方言”排在第一位的是广州话（463人），百分比高达30.2%，人数比例比其他方言高很多；排在第二位的是普通话（272人），人数比例为17.7%；排在第三位的是沈阳话（192人），百分比为12.5%。其次分别是上海话（169人）、郑州话（171人），所占人数比例均在10%以上20%以下；最后是台北话（106人）、成都话（97人）、长沙话（56人），所占人数比例在10%以下。

表1　8种汉语方言“最好听”得票数及百分比

序号	方言	人数	百分比
1	广州话	463	30.2%
2	普通话	272	17.7%
3	沈阳话	192	12.5%
4	上海话	169	11.4%
5	郑州话	171	11.2%
6	台北话	106	6.9%
7	成都话	97	6.4%
8	长沙话	56	3.7%

一般地说，本地区的被调查者选择本地区方言的可能性会比较高。由于参与问卷调查的各省市自治区人数比例不均衡（见上文2.5），为排除不同地区人数差异对调查结果的影响，我们使用了两种方法对数据结果进行标准化。第一种方法是先计算某一地区的加权系数，然后计算所有地区的加权票数，最后计算8种方言各自的标准化票数。第二种方法是考虑到各地区实际人口本来不相同，应将实际人口数加权到选票数中，因此以第六次人口普查数据为基准计算了各个地区的加权系数，然后计算8种方言各自的标准化票数。

使用两种方法计算标准化票数之后得到的“最好听方言”排名总体来说均与原始结果相差不大。使用第一种方法得到的方言排名为（括号中为标准化得票数，后同不另注）：广州话（500）、普通话（276）、沈阳话（218）、上海话（169）、郑州话（111）、成都话（89）、台北话（83）、长沙话（55）。与原始结果相比，这一排名只有台北话与成都话交换了位置，成都话排在了台北话前面；其余排名与原始结果相同。使用第二种方法得到的方言排名为：广州话（456人）、普通话（276人）、沈阳话（222人）、郑州话（166人）、上海话（157人）、成都话（112人）、台北话（95人）、长沙话（62人）。与原始结果相比，这一排名则是上海话和郑州话、台北话和成都话分别交换了位置，与第一种方法相比则是郑州话排在了上海话前面。

我们认为，本调查的目的是考察全国的人们对各方言好听度的实际看法，应该将各地区的实际人口因素考虑进去。第二种标准化计算方法加入了各地区的人口因素，更符合本调查的目的。不过，无论哪种计算方法，广州话、普通话、沈阳话、长沙话的排名均没有变化；其余4种方言的名次变化也是小范围的。

3.2 8种方言的具体印象与影响方言好听度的因素

下面介绍调查结果中各方言的具体印象。语言印象在问卷中通过“觉得这段方言好听的原因是什么”来体现，具体结果参见表2。对于排名第一的广州话的印象，主要为舒服（65.44%）、亲切（37.37%）、抑扬顿挫（36.5%）；对于普通话的印象，主要为清晰（70.59%）、易于理解（62.5%）、舒服（54.04%）；对于沈阳话的印象，主要为亲切（57.81%）、朴实（49.48%）、舒服

(48.96%);对于上海话的印象,主要为舒服(60.57%)、亲切(53.14%)、文雅(33.71%);对于郑州话的印象,主要为朴实(45.03%)、亲切(43.86%)、舒服(42.69%);对于台北话的印象,主要为舒服(55.66%)、亲切(45.28%)、文雅(32.08%);对于成都话的印象,主要为亲切(64.29%)、舒服(58.16%)、易于理解(39.8%);对于长沙话的印象,主要为舒服(57.14%)、亲切(57.14%)、听得多(39.29%)。

表2　所选最好听方言与选择这种方言的原因(%)

方言	文雅	舒服	亲切	清晰	易于理解	语速适中	抑扬顿挫	听得多	朴实
普通话	31.62	54.04	27.57	70.59	62.50	45.59	12.87	25.00	13.24
上海话	33.71	60.57	53.14	20.00	18.29	24.57	29.14	26.86	17.71
广州话	25.49	65.44	37.37	19.65	15.33	25.92	36.50	28.08	13.82
郑州话	11.70	42.69	43.86	26.90	30.99	38.60	18.71	19.88	45.03
台北话	32.08	55.66	45.28	13.21	12.26	25.47	22.64	27.36	27.36
长沙话	12.50	57.14	57.14	23.21	25.00	32.14	28.57	39.29	26.79
成都话	18.37	58.16	64.29	32.65	39.80	36.73	24.49	33.67	22.45
沈阳话	3.65	48.96	57.81	28.65	38.02	15.10	35.94	23.44	49.48
标准差	11.24	7.00	12.11	17.72	16.51	9.66	8.15	6.06	13.63

在原因选择上,被调查者所选最好听方言各因素的比例标准差都大于5,反映出人们对于不同方言的印象存在不小的差异。其中"清晰"和"易于理解"这两项标准差最大,超过了15%,标准差最小的是"听得多"和"舒服"这两项,其中"舒服"这一印象每种方言的比例基本都在45%以上。这说明了不同方言好听的原因有一致性,也有不一致的地方,一致性能体现引发积极语言态度的共性语言印象,不一致的地方体现各种方言的特色印象,例如普通话让人认为最好听的原因主要是清晰、易于理解,上海话、台北话则是文雅,广州话是抑扬顿挫,郑州话、沈阳话是朴实,长沙话是听得多,成都话是易于理解等。

影响方言好听的因素结果参见图1。从图上数据来看,被调查者最看重的因素依次为:舒服、亲切、清晰、易于理解、语速适中、抑扬顿挫、听得多、朴实、文雅。舒服、亲切居于前两位,所占比例在40%以上;其次分别是清晰、易于理解、语速适中,所占比例在30%以上、32%以下,各项之间相差不多;最后是抑扬顿挫、听得多、朴实、文雅,所占比例在20%以上30%以下。可见舒服、亲切的语言印象是很多人对一种方言产生积极态度的最主要原因,尤其是舒服,所占比例超过50%。其次在被调查者看来,方言听起来是否清晰、易于理解、语速适中也很重要。方言是否抑扬顿挫、听得多、朴实和文雅,从被调查者的反馈看来,则主要是形成部分方言积极语言态度的原因。

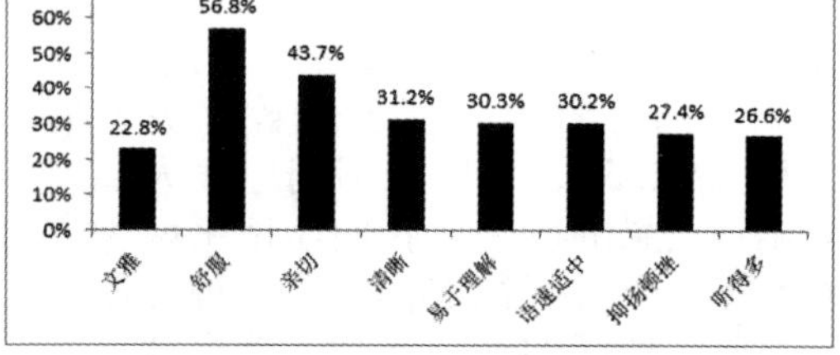

图1　影响方言好听的因素比例

4. 影响方言好听度的社会因素分析

与被调查人相关的主要社会变项包括性别、年龄和地域 3 项。本次调查中被调查者的性别、年龄及地域情况 2.5 已经交代，这里不再赘述。我们针对性别、年龄段与所选最好听方言，性别、年龄段与选择这种方言的原因做了交叉分析。分析看到，被调查者的性别、年龄会对语言印象和语言态度产生不同程度的影响。下面分别说明。

4.1 性别因素与方言好听度

对性别与所选最好听方言进行了单因素方差分析，结果显示性别差异显著［$F(1, 1531) = 12.19$，$Sig = 0$，$p < 0.05$］。这表明在选择最好听方言时，不同性别之间的选择存在差异。我们进一步分别统计了男性与女性的好听度数据，结果如图 2 所示。

从图中我们可以看到如下一些表现。男性、女性所选方言的比例排名不一致，男性所选最好听方言比例的排名（从高到低，后同不另注）分别为广州话、普通话、沈阳话、郑州话、上海话、成都话、台北话、长沙话；女性所选最好听方言比例的排名为广州话、普通话、上海话、沈阳话、郑州话、台北话、成都话、长沙话。男性、女性最好听方言的前两位和最后一位一样，其他方言存在差异。其中上海话的差异比较大，上海话的好听度排名在女性中比在男性中靠前两个名次。另外，男性、女性所选方言在所占比例上相差较多，尤其在普通话、广州话、郑州话、沈阳话的选择上，男女相差 4 个以上百分点。

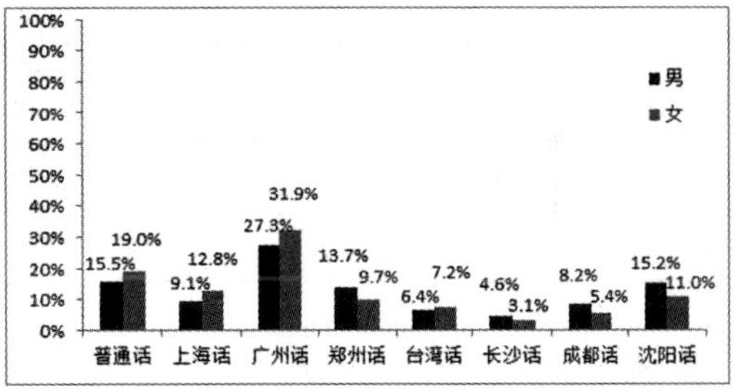

图 2 男性、女性所选最好听方言数据

在最好听方言的原因选择上，男性和女性也有同有异。对不同性别与选择这种方言的原因进行统计，结果如表 3 所示。

表 3 性别与选择最好听方言的原因（%）

	文雅	舒服	亲切	清晰	易于理解	语速适中	抑扬顿挫	听得多	朴实
男	2.28	54.72	42.07	31.02	31.55	29.23	30.30	27.09	26.93
女	23.05	58.02	44.65	31.28	29.63	30.76	25.72	26.34	22.43
标准差	14.69	2.33	1.82	0.18	1.36	1.08	3.24	0.53	3.17

从表 3 可以看到，在原因选择上不同性别被调查者所选比例最大的因素都是“舒服”，其次是“亲切”，说明这两个选项是被调查者认为方言好听的普遍倾向。在所选比例较小的因素上，男女差异较大，如在“文雅”这个原因选项上，标准差最大（大于 10），其他选项标准差均小于 5。相比男性而言，女性更多地认为“文雅”也是决定方言好听的重要因素。

4.2 年龄因素与方言好听度

对年龄段与所选最好听方言进行单因素方差分析，结果显示不同年龄段之间无显著性差异［$F(6, 2096) = 1.401$，$Sig = 0.211$，$p > 0.05$］。这反映出不同年龄段的被调查者所选结果比较一致。当然，前文（2.5）已经说明各个年龄段的被调查者人数存在不均衡现象，被调查者总体来说以年轻人居多，中、老年人偏少。年龄段因素与调查结果之间无显著差异也许与年龄段的不均衡分布有关。这一问题还需要进一步研究。

为考察认为方言好听的原因在不同年龄段中是否存在差异，我们也进行了相关统计，结果如表4所示。

表4　　年龄段与选择最好听方言的原因（%）

	文雅	舒服	亲切	清晰	易于理解	语速适中	抑扬顿挫	听得多	朴实
18岁以下	28.85	50.00	53.85	42.31	28.85	30.77	23.08	38.46	23.08
18—25岁	21.76	59.17	42.38	28.60	29.02	26.94	28.08	28.29	22.59
26—30岁	24.89	52.74	42.62	29.54	28.27	34.60	27.00	23.21	26.16
31—40岁	21.13	52.58	46.39	39.69	37.63	35.05	27.32	21.65	28.35
41—50岁	21.88	53.13	46.88	39.06	31.25	46.88	23.44	23.44	25.00
51—60岁	46.15	76.92	53.85	38.46	46.15	46.15	23.08	7.69	30.77
60岁以上	50.00	37.50	62.50	37.50	50.00	12.50	25.00	25.00	25.00
标准差	12.23	11.85	7.31	5.26	8.98	11.79	2.16	9.14	2.90

由表4可以看到，在原因选择上，不同年龄段被调查者所选比例居于前两位的都是“舒服”和“亲切”。这与上文性别分析的结果相同。在所选比例较小的因素上，不同年龄段被调查者差异较大，尤其是“文雅”“舒服”和“语速适中”这三项，标准差均大于10。在“文雅”这一选项上，51—60岁和60岁以上被调查者所选比例大于45%，而其他年龄段被调查者则都在20%左右；在“舒服”这一选项上，51—60岁所选比例大于75%，60岁以上被调查者所选比例小于40%，而其他年龄段被调查者所选比例则都在50%左右；在“语速适中”这一选项上，60岁以上被调查者所选比例小于15%，而其他则均在25%以上。说明在这三个因素的选择上，不同年龄段被调查者有不同的看法。但不同年龄段被调查者在“抑扬顿挫”“朴实”这两个选项上比例大体相似，标准差最小（小于5），不同年龄段没有太大差异。我们看到，尽管50岁以上的被调查者数量最少，但是也能表现与其他年龄群体在选择原因上的差异。

从交叉分析得出的结果中可以发现，引发不同性别、年龄的群体产生积极语言态度的语言印象有所不同。例如，对于女性和老年人来说，“文雅”是一种引发积极语言态度的重要语言印象；而对于男性和其他年龄段的群体来说却不是。而在进一步体现为语言态度时，年龄的差异变得不显著了，但性别的差异依然存在，反映为男性、女性对8种方言哪种好听的选择比例不同。由于不同性别、年龄的人群审美观点存在差异，对于“是否好听”的判断必然带有自己的社会群体特征，因此语言印象和语言态度存在性别和年龄上的差异。当然，这种差异并非是绝对对立的，例如男性和女性对于广东话和普通话持积极语言态度的比例都很高；“舒服”和“亲切”对于不同年龄、不同性别的被调查者来说都是能够产生积极语言态度的语言印象。

4.3　地域因素与方言好听度

从调查数据上可以看到，地域因素也是影响语言印象和语言态度的一个重要因素。人们在选择最好听的方言时，更倾向于选择自己所说的方言或与自己的家乡话相近的方言。

选择广州话作为最好听方言的被调查者有463位，来源省份比例最大的是广东省（20%），其次是安徽省（8%），河北、广西、湖南并列第三（均为6%），其他省份比例均小于或等于5%。认为上海话最好听的共有169人，其中南方人共112人（66.27%），上海、浙江、江苏三个省份认为上海话好听的人数较多。选择郑州话作为最为好听的方言被调查者有171位，其中比例最大的是河南人（31%），其次是安徽人（12%），再次是河北人和山东人（均为9%）。选择台北话作为最好听方言的被调查者有106位，其中，福建省的被调查者所占比例最大（22%）；其次是广东省的被调查者（16%）；第三、四位分别是江苏和安徽的被调查者（分别为8%、7%）；而其他省市的被调查者比例不足或等于6%。选择台北话作为最好听方言的被调查者占较大比例的都来自中国东南部，且靠近台湾。选择成都话作为最好听方言的被调查者有97位，其中四川省的被调查者占最大的比例（27%）；其次是湖北省的被调查者（11%）；第三、四位分别是河北和重庆的被调查者（分别是7%和6%）；而其他省市的被调查者比例不超过5%。选择长沙话作为最好听方言的被调查者有56位，其中湖南省居首位（36%）；山东省居第二位（9%）；广东省居第三位（7%）；江西省、河南省位居第四位（均为5%），其他省市均在5%以下。认为长沙话好听的主体是湖南人和部分南方省市。

地域因素影响语言印象和语言态度，是社会认同的表现。根据社会认同理论，个体倾向于把知觉对象分为与自己相似的和与自己相异的两类，并将其贴上“内群体”和“外群体”的社会标签，从而完成社会类化（万明钢、王舟，2007）。在地域上，相邻的省份和城市经济、文化等方面往来频繁，接触更多，相比其他地域的人来说，人们对相邻地域的方言也更加了解；从语言内部来看，相邻的方言也会因为接触而相似。因此人们更容易对自己使用的或相似的语言和方言产生认同，产生积极的语言印象和语言态度。反映在调查中，大多数人都选择了自己的方言或附近地域的方言为最好听的方言，说明语言态度的产生与说话人或听话人成长的语言环境密切相关。

普通话和沈阳话是两个例外。选择普通话作为最好听方言的被调查者有272位，各省人对普通话好听度的判断差异不大，南北方差异也不大。认为东北话最好听的共有192人，其中来自北方省市的有100人，来自南方省市的有92人，南北人数大致接近，说明南方人和北方人对东北方言的认同度大致相同。这样的现象，与二者的高识别率和高普及率息息相关。普通话是全国推广的共同语，普及率没有任何方言能够企及；沈阳话由于近年来用东北方言演绎的语言类节目和电影电视作品的流行而在全国范围内广泛传播，在调查中显示的识别率为88%，排在8种方言中的第一位。广州话和成都话的识别率虽然也很高（分别为74%和72%），但它们普及率显然不及普通话和东北话。这说明地缘因素在语言印象和语言态度的形成中固然重要，但如果一种语言的识别率和普及率很高，人们也可能越过地缘因素而对其产生积极的语言态度。另外，人们对普通话表现出的积极语言态度（在“哪种方言最好听”的总排名中位列第二）还是“上加语言态度”作用力的表现。“上加语言态度”是指有政府法令等进行干预的语言态度（陈松岑，1999）。多少年来普通话作为民族共同语进行推广，其成效不仅是普及率得到了提高，事实上对人们的语言态度也产生了重要影响。

5. 讨论

本节主要从对方言的印象与对说这种方言的人的印象之间的关系、方言好听度排名反映出来的问题两个方面进行讨论。

5.1 对方言的印象与对说这种方言的人的印象之间的关系

分析中我们看到，人们对一种方言的印象与对说这种方言的人的印象存在很大程度的关联关系。

“亲切”是大多数方言（除普通话）被选为好听的共同因素。这就是说，人们如果对一种方言持积极的态度，亲切的语言印象是很重要的决定方面。有意思的是，“亲切”也是对绝大多数地区人们的评价中的共同因素。在湖南人的印象比例中排名第一（55.56%）；在台湾人的印象比例中和“热情温和”共同排名第一（46.67%）；在对四川人的印象比例中和“热情”共同排名第一（41.82%）；在河南人的印象比例中排名第二（23.73%）；在上海人的印象比例中排名第二（18.75%）；在说普通话人的印象比例中排名第二（18.75%）；在对东北人的印象比例中排名第四（7.10%）。只有在对广州人的印象中我们没有得到“亲切”这一因素。

一些带有方言特色的语言印象同样也可以在对说话人的印象中找到对应。如上海话“文雅”的语言印象，对应上海人“文明儒雅”的印象（第三位，17.50%）；广州话“抑扬顿挫”的语言印象，对应广州人“声音好听”的印象（第二位，12.46%）；郑州话“朴实”的语言印象，对应河南人“朴实”的印象（第一位，45.76%）；台北话“文雅”的语言印象，对应台湾人“文雅”的印象（第五位，6.67%）；沈阳话“朴实”的语言现象，对应东北人“朴实”的印象（第二位，14.20%）。

不论是共同的还是有特色的语言印象，在很大程度上能够在对说话人的印象中找到对应。这种对应既可以理解为听话人经常听到某种语言，从产生的语言印象去联想说话人的特点；也可以理解为听话人将说话人的特点类推到说话人所说的语言中去；更有可能的是两个过程共同相互作用。我们认为，对语言的印象与对说这种语言的人的印象很难完全分割开来，二者是相互影响、相互关联的。总之，对一种方言的印象与对说这种方言的人的印象存在很大程度的关联。

5.2 方言好听度排名反映出来的问题

此次调查得到的 8 种汉语方言好听度的排名顺序，带给我们很多新的信息；其中一些排名也可以说在我们的预料之外。

先看广州话，前文 3.1 我们看到，无论绝对票数还是标准化票数，广州话都高居首位。从第二种标准化票数上看，广东话（456）超出排在第二位的普通话（276）180 票，是普通话票数的 1.65 倍。从总体比例上看广州达到近 30%（29.5%），这相当于说全国范围近 30% 的人认为广州话是最好听的方言。广州话的这一分量比排在最后 4 位的长沙话、台北话、成都话、上海话之和（426）还要多（27.5%）。

必须说明的是，在本调查中广州话并不仅仅代表广州一个城市的方言，而更是整个粤方言的代表，粤方言的使用地区包括了香港、澳门、广西壮族自治区等地。粤方言在大陆产生影响应该是从 20 世纪改革开放以来开始的。在约 40 年之后的今天，大陆的经济在某种程度上已经超越港台，但是从方言的印象上来看，人们仍然认为粤方言是最好听的。

普通话是国家法定的汉民族共同语，数十年以来一直由政府在全国范围进行推广和普及。无可否认，普通话的声望和地位肯定是超过所有方言的，不过在好听度的排名上普通话并没有排在第一位。普通话排在第二位事实上也非常靠前，作为好听度排名我们认为还是很合适的。

值得注意的是沈阳话的排名。沈阳话在 8 种方言中位列第三，这应该说也是比较靠前的。和前面广州话一样，沈阳话实际上也是整个东北方言的代表。东北方言显然与经济因素关系不大，而是与多年以来东北小品等的全国上演有密切的关系。郑州话的排名也比较靠前，这也许与河南人的参与度比较高有关（绝对人数 114 人），具体原因还需要进一步研究。

最值得注意的是上海话和台北话的排名。在我们的预想中，上海话和台北话的排名应该比较靠前，事实上却比较靠后（在第二种标准化票数中上海话排第五，台北话排第七）。在本调查中由于没有其他吴方言，上海话事实上是整个吴方言的代表。吴方言通行的地区包括江苏、浙江等地，且上海的经济状况良好。在本调查中江苏、浙江两地的参与人数也并不少（89 + 86 = 175）。而台北话作为闽方言的代表，从通行地区、经济文化状况以及参与人数等多方面来看都与目前的排名相差很大（排在倒数第二位）。上海话和台北话排名靠后的原因值得进一步研究。

成都话的排名与预想也略有差距。在本调查中成都话是通行于四川、重庆、贵州、云南等地整个西南官话的代表，使用人口众多。成都话排名靠后也许与这四地参与调查人数偏少有关（57 + 25 + 15 + 14 = 111）。长沙话的好听度排在第8位，应该与湖南的经济地位、湖南在全国的影响有关，与预想差距不太大。

8种方言好听度的排名有很多新的信息，其反映的方言与社会之间的关系值得注意，其中有些现象很值得进一步研究。

6. 结语

本文通过对普通话、上海话、广州话、郑州话、台北话、长沙话、成都话、沈阳话8种汉语方言好听度的调查，分析了形成好听度的一些因素，并考察了性别、年龄、地域等因素对方言好听度选择的影响及一些相关的问题。初步看来这一调查是很有意义的，它可以真实、即时地反映不同方言在全国范围一般大众中的影响及地位，并可以考察形成这些结果背后的影响因素。我们认为，好听度是了解普通大众语言印象与语言态度最直接的方式，也是可行性很强的方式。作为一种建议，我们觉得类似的调查可以成规律地定期进行，以及时了解人们语言观念的迁移及变化。这对于国家语言政策的制定及导向都有重要的参考价值。

最后，本次调查还可以进一步拓展或改进。这次调查的方言数量为8种，将来还可以考虑在平衡的前提下增加方言数量。本次调查得到有效问卷1500余份，在将来的调查中人数规模还可以更大幅度扩大。在被调查者的地域分布上，2.5已经指出各省级行政区划人数不够平衡，部分省级行政区划人数偏少。这些问题我们将在以后的研究中进行完善改进。

7. 致谢

本文为南开大学汉语言文化学院“社会语言学”课程及南开大学2015年“知行南开”研究生社会调研项目成果，指导教师冉启斌，参与调查与撰写调查报告的人员包括2014级语言学与应用语言学研究生黄侠、韩亚娟、景梦娜、金蒙、乔俊凤（音序）5人。

8. 附录

附录1　调查问卷

哪种方言好听

十分感谢您在百忙之中帮我们填写问卷，我们是南开大学2014级语言学硕士研究生调研团队。本次问卷中，您将会听到8种方言的录音（8段录音文本相同，文本见下文），请从中选择您所认为最好听的方言，并回答问题，感谢您的参与！

说明：本次调查采用匿名形式，不会对您的个人信息造成泄露，请放心作答。

1. 您的性别：[单选题][必答题]
   ○ 男　○ 女
2. 您的年龄段：[单选题][必答题]
   ○ 18岁以下　○ 18～25岁　○ 26～30岁　○ 31～40　○ 41～50岁　○ 51～60岁　○ 60岁以上
3. 您的家乡是：[填空题][必答题]

____

录音文本

女：（称呼，）请问文化宫离这儿远吗？

男：有点儿远。

女：那怎么走呢？

男：沿着这条路一直往前走，大概十分钟，到了第一个十字路口往左拐，再往前走，在第二个路口往右拐，文化宫就在左边。

女：我知道了，谢谢！

请听录音，回答以下问题

4. 您觉得第几段方言最好听？[单选题]

[必答题]
○1 ○2 ○3 ○4 ○5
○6 ○7 ○8

5. 您觉得这段方言好听的原因是什么?[多选题][必答题]
□ 文雅 □ 舒服 □ 亲切
□ 清晰 □ 易于理解 □ 语速适中
□ 抑扬顿挫 □ 听得多 □ 朴实

6. 录音中,您认为最好听的方言是哪个地方的方言?[填空题][必答题]

____

7. 您对说该方言的人有什么印象?[填空题][必答题]

____

8. 您为什么有这样的印象?(如亲身感知、电视网络、大众普遍认知等)[填空题][必答题]

____

附录2 参与调查的省级行政区划人数及比例

序号	省市	参与调查人数	占总调查人数的比例(%)
1	广东	156	10.18
2	安徽	116	7.57
3	河南	114	7.44
4	河北	106	6.91
5	江苏	89	5.81
5	山东	89	5.81
7	浙江	86	5.61
8	福建	79	5.15
9	湖北	70	4.57
10	湖南	64	4.17
11	四川	57	3.72
12	上海	51	3.33
13	江西	48	3.13
14	陕西	47	3.07

续表

序号	省市	参与调查人数	占总调查人数的比例(%)
15	北京	46	3.00
16	天津	44	2.87
17	山西	43	2.80
18	辽宁	38	2.48
19	广西	34	2.22
20	甘肃	27	1.76
21	重庆	25	1.63
22	内蒙古	21	1.37
23	吉林	20	1.30
24	黑龙江	19	1.24
25	云南	15	0.98
26	贵州	14	0.91
27	海南	5	0.33
28	宁夏	5	0.33
29	新疆	3	0.20
30	青海	1	0.07
31	香港	1	0.07
32	澳门	1	0.07
—	合计	1533	100

参考文献

[1] Lambert, W. E. 1963 Psychological Approaches to the Study of Language, Part II: On Second-Language Learning and Bilingualism. *The Modern Language Journal*. 47 (3), 114-121.
[2] 陈松岑:《新加坡华人的语言态度及其对语言能力和语言使用的影响》,《语言教学与研究》1999年第1期,81—95页。
[3] 戴庆厦:《社会语言学教程》,中央民族大学出版社1993年版。
[4] 郭凤鸣:《汉族地区民族中学学生的双语态度调查研究》,《民族教育研究》2007年第3期,第105—108页。

［5］桂诗春、宁春岩：《语言学方法论》，外语教学与研究出版社 1997 年版。

［6］高一虹、苏新春、周雷：《回归前香港、北京、广州的语言态度》，《外语教学与研究》1999 年第 2 期，第 21—28 页。

［7］龙惠珠：《港人对广东话及普通话态度的定量与定质研究》，《中国语文》1998 年第 1 期，第 66—73 页。

［8］龙惠珠：《从职业背境看语言态度的分层》，《外语教学与研究》1999 年第 1 期，第 56—62 页。

［9］万明钢、王舟：《族群认同、族群认同的发展及测定与研究方法》，《世界民族》2007 年第 3 期，第 1—9 页。

［10］王远新：《论我国少数民族语言态度的几个问题》，《满语研究》1999 年第 1 期，第 87—99，第 143 页。

［11］杨玉：《云南少数民族大学生民族认同与语言态度研究》，博士学位论文，上海外国语大学，2013 年。

［12］张积家、杨卓华、朱诗敏：《广东大学生对普通话和粤语的印象》，《心理学探新》2003 年第 1 期，第 51—54 页。

［13］祝畹瑾：《社会语言学译文集》，北京大学出版社 1985 年版。

冉启斌 南开大学文学院，教授，主要研究方向为语音学、语言理论等。
E-mail：ranqibin@ 126. com

孙 越 南开大学汉语言文化学院，硕士研究生，研究兴趣为实验语音学。
E-mail：sssssunyue@ 163. com

统计参数动态舌头调音模型

张金光　孔江平

摘　要　研究了汉语普通话发音 X 光视频中舌头的调音过程。利用图像处理技术，把各个发音器官分割出来。利用曲线拟合方法，自动重构了 12657 帧图像中的舌头轮廓形状。通过主成分分析和因子分析，确定了八个因子参数，把舌头分成了四个部分。利用回归方程，建立了动态舌头调音模型。模型参数可以很好地匹配原始语音的声学特征。

关键词　曲线拟合；调音模型；因子分析

A Dynamic Articulatory Model Based on Statistical Analysis

ZHANG Jinguang　KONG Jiangping

Abstract In this paper, the process of Mandarin articulation is studied through investigation of tongue movement in X-ray films. Each organ is segmented by image segmentation technique. By curve fitting method, all kinds of tongue shapes in 12657 video frames are automatically rebuilt. By means of PCA and factor analysis, eight parameters are extracted and the tongue is divided into four parts. By regression equations, a dynamic tongue articulatory model is built. This model can well match the acoustic features of the original speech sounds.

Key words Curve fitting; Articulatory model; Factor analysis

1. 引言

语音学历来重视发音动作的研究。20 世纪 60 年代，吴宗济先生曾经拍摄过 X 光照片研究普通话元音和辅音的发音动作。80 年代，鲍怀翘先生拍摄过 X 光录像研究汉语音节的动态发音过程。

Jones 认为舌头最高点的位置可以区分不同的元音［1］；Stevens 等认为舌头的调音动作改变了声道形状，影响声管结构，从而引起共振峰频率变化，口腔张开程度、声道收紧点到声门的距离，以及收紧点的收紧程度决定了元音音质［2］；Fant 认为声道面积函数是影响口腔共鸣特性的重要因素，舌头调音动作改变了声道截面积，由声道面积函数计算的共振峰频率和原始语音信号的共振峰频率有很高的一致性［3］。

Harshman 等认为舌头的调音动作可以简化为两个因子，一个因子产生舌根向前运动的动作，同时伴随着舌面前部的向上运动，另一个因子产生舌头向上和向后运动的动作［4］；Iskarous 认为舌头有两种运动模式，一种是绕轴旋转，另一种是曲拱［5］。

设计一个可以生成舌头调音动作的模型，不仅有助于语音研究，更有助于语音教学。在 Coker 建立的调音模型中［6］，舌体是一段圆弧，用两个参数控制发元音时舌头的位置，用一个参数控制发音动作很快的辅音发音时舌头的位置，用五个参数控制发音动作较慢的辅音发音时舌头的位置，还有两个参数控制舌尖的抬升和卷舌。Mermelstein 建立了声道调音模型 ASY［7］，用一段圆弧代表舌体，其改进版本是 CASY［8］，用一条二次曲线代表舌体。基于 Maeda 调音模型［9］的 VT-Demo，用一个参数控制舌头的位置，用一个参数控制舌头的形状，用一个参数控制舌尖的前后。以上这些模型利用简单曲线模拟舌头调音动作，然而，实际发音过程中，舌头的形状变化非常复杂，无法用一条曲线完全表征。

Perkell 建立了一个舌头中矢面二维功能性模型，输入和输出都是可以测量的生理变量［10］。Wilhelms-Tricarico 利用有限元方法模拟八条肌肉动作，建立了一个三维舌头模型［11］［12］。Dang 等建立了一个三维生理发音模型，用粘弹圆柱代替弹簧振子对舌头进行建模［13］［14］。Steiner 等运用多重线性形状空间模型，开发了一个端到端的系统，在这个系统中，发音人参数决定了舌头的解剖特征，姿势参数代表了发音动作相关的形状特征，解剖特征和形状特征映射到多边形网格，形成三维舌头结构［15］。以上这些模型都是生理机能模型，尝试模拟舌头肌肉的活动方式，但是由于模型的生理解剖参数难以获得，并且控制方式过于复杂，这些模型产生的发音动作准确度并不高［16］。

我们的研究尝试从连续动态的实际发音过程中获得所有舌头形状的变化形式，以此构造模型。前期发表的研究成果，利用计算曲律的方法，提取特征点坐标，然后进行统计分析建立模型［17］。本文利用曲线拟合方法，模拟舌头形状变化过程，并对不同姿势的图像进行旋转，实现发音动作姿势的标准化，根据姿势变化调整了语音起点，实现语音和图像同步，然后利用旋转后的拟合节点坐标进行统计分析，并利用回归方程建立了动态参数调音模型。

2. 处理素材

20 世纪 80 年代中国社会科学院语言研究所由鲍怀翘先生为编导拍摄过一套汉语普通话发音 X 光录像［18］，经孔江平教授和汪高武博士处理后，建立了世界上第一套包含 200 多音节的汉语普通话 X 光录像数据库［19］。这个数据库中存储了 AVI 格式的视频，这些视频由 PAL 制式的录像带经过采集并进行格式转换而来，并且手工标出了各个发音器官的轮廓线。我们用 Visual C + + 编写程序，对这些材料进行深度处理。

2.1 图像分割

从 276 个 AVI 视频中，我们共提取了 12657 帧 BMP 图像，然后利用灰度阈值图像边缘检测技术，结构分析［20］和运动跟踪［21］等图像分割技术，从各帧图像中，自动分割出舌头、双唇、下颌、上腭、咽、喉六个发音器官构件。

2.2 参数设置

我们从各帧图像中提取各个器官的特征参数。为了把运动过程中的位置变化和形状变化隔离开，我们把舌头抽象成一个矩形的内接图形，用这个矩形的中心坐标表征整个舌头随时间变化的空间位置，用其他点相对于这个点的坐标变化表征特定时刻舌头的形状变化，这样我们就获得了五个特征点，如图 1 所示。

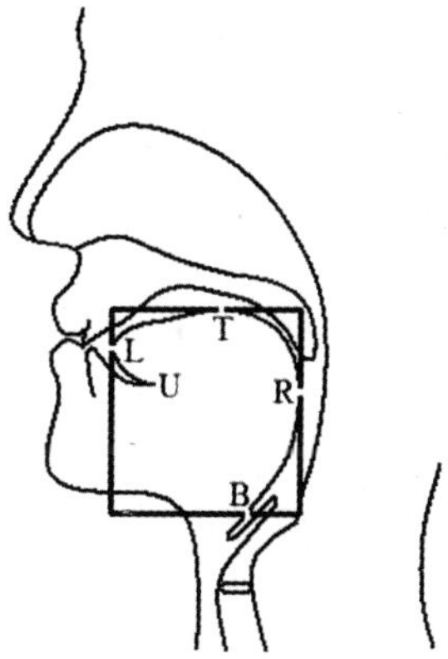

图1 五个一级特征点

用这五个点画弧线，通过计算残差平方和，分析生成的图形和原始图形的相似度，结果发现，除了右下角之外，其他三个部分的相似度都很差。进一步观察发现，左下、左上、右上这三部分通常不是简单弧线。

为了找到图形的细微变化，我们先把所有轮廓边缘上的点以 B 点为起点，以 U 点为终点，按照逆时针顺序排序，然后对各部分图形分别计算曲率，得到拐点，作为舌头形状节点。

3. 建立模型

3.1 节点选择

通过曲线拟合，可以重构各种舌头形状。我们采用分层的方法，逐步提高拟合精度。第一层，节点是五个一级特征点 B（bottom）、R（right）、T（top）、L（left）、U（underpart），连线是直线段，用张力为0的基数样条连接，表征舌头的基本结构；第二层，在两个一级特征点中间，线条曲率最大的位置，增加一个二级特征点，共有九个节点，连线是张力为0.5的基数样条曲线，表征舌头的标准形状；第三层，在拟合优度差的位置再增加节点，并沿着曲线，前后移动节点位置，最终达到一定的拟合优度。

3.2 算法分析

三次样条曲线拟合的算法一般是用追赶法（forward elimination and backward substitution）解三对角方程组（tridiagonal matrix）计算 M_i，把 M_i 代入（1）式就可以得到各段函数方程［22］，式中，M_i 是分段曲线在节点 i 处的二阶导数，称为样条函数的矩，h_{i-1} 是 i 节点和 i-1 节点 x 坐标之差。

$$S(x) = \frac{(x_i - x)^3}{6h_{i-1}}M_{i-1} + \frac{(x - x_{i-1})^3}{6h_{i-1}}M_i + \left(y_{i-1} - \frac{h_{i-1}^2}{6}M_{i-1}\right)\frac{x_i - x}{h_{i-1}} + \left(y_i - \frac{h_{i-1}^2}{6}M_i\right)\frac{x - x_{i-1}}{h_{i-1}} \quad (1)$$

对于我们的任务来说，这样拟合出来的曲线需要保存节点坐标和 M_i 矩阵，以便于重绘，否则每次重绘都要解三对角方程组，速度太慢。

其实，根据我们的任务要求，不需要这样计算。通过分析发现，在选择第二层节点的时候，用张力为0.5的基数样条连接九个节点，很多舌头形状就已经能够比较好地重绘出来。只要在拟合优度差的位置再增加节点，并在排序后的边缘点上沿着曲线前后移动节点，就可以达到比较好的拟合效果。

由于舌头形状变化非常复杂，需要15个节点，才能把各种舌头形状以很高的近似度拟合出来，15个特征点的位置分布如图2所示。

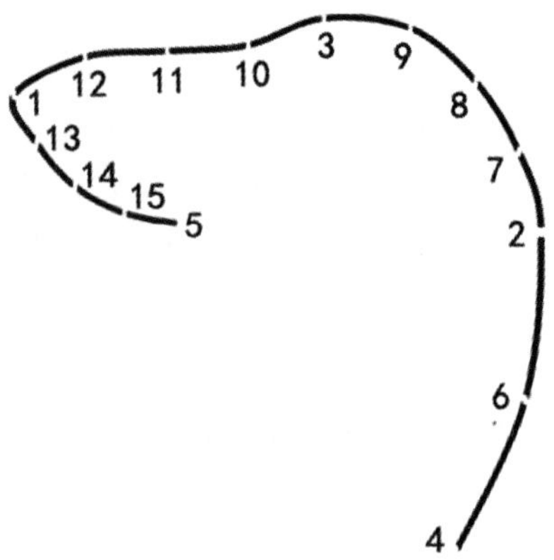

图2　15个特征点

我们把各帧图像提取出的特征点坐标作为一条记录写入 Excel 电子表格，以备后续处理。从276个 AVI 视频中，共提取了12657条记录，每条记录包含一个带有音节名和帧编号的 Name 字段，还有分别代表15个特征点 X、Y 坐标的30个字段。

3.3 图像对齐

由于拍摄 X-ray 图像时，各个音节的拍摄时间不同，所以难免不同音节之间发音器官姿势略有位置偏差，因此需要对发音器官按照音节进行位置对齐。

分析发现，主要有两种情况：一种情况是自上腭以下左右偏移，另一种情况是自舌根以下向右过度偏转。这两种情况都可以运用旋转算法进行对齐。基本思路如下：把各个音节的第一帧都按照固定标准进行对齐，各个音节后续帧进行同等程度的位移和旋转。

针对第一种情况，以音节 hao 的第一

帧为标准（这一帧的双唇和下颌位置最接近基准图像），其他各个音节的第一帧以鼻唇沟上端位置为基准和标准帧进行对齐，计算偏移量，音节后续各帧的特征点都减去这个偏移量。然后，计算标准帧鼻唇沟上端位置和舌根位置（图2第4个点）之间连线的倾斜角度，再计算各个音节第一帧鼻唇沟上端位置和舌根位置之间连线的倾斜角度，算出两条线的角度偏差，各个音节中的各帧图像，自上腭以下，各特征点按照这个角度偏差进行旋转。

针对第二种情况，以音节a的第一帧为标准（经过第一次旋转之后这一帧的咽喉位置最接近基准图像），计算标准帧和各个音节第一帧中舌根位置（图2第4个点）和咽喉底部位置之间连线的角度偏差，以舌根位置为中心，舌根以下各特征点，按照旋转算法进行旋转。

经过两次旋转之后，各个音节以第一帧为基准完成了标准化操作，既保证了声道形状不受影响，又消除了发音器官位置偏差。

3.4 参数降维

考虑到相邻图像之间的相似性，参数之间有很强的相关性，应该做主成分分析，在此基础上选择较大特征值的主成分做因子分析，找到舌头运动的内在因素，并进行降维。

用SPSS对提取的特征点坐标用相关性矩阵做主成分分析，在此基础上，选择主成分，用协方差矩阵做因子分析［23］。对X坐标和Y坐标分别进行分析，以便找到水平方向和垂直方向的运动规律。

水平方向（X坐标）和垂直方向（Y坐标）KMO和Bartlett检验的结果表明，各变量之间的相关性很强，非常适合做主成分分析。

表1水平方向主成分分析的结果表明，可以把舌头水平方向的变化综合成4个主成分，这4个主成分可以解释累计97.159%的变异。

表1　水平方向主成分分析结果

Component	Initial Eigenvalues		
	Total	% of Variance	Cumulative %
1	11.517	76.778	76.778
2	1.554	10.357	87.135
3	1.025	6.832	93.967
4	0.479	3.191	97.159

表2　垂直方向主成分分析结果

Component	Initial Eigenvalues		
	Total	% of Variance	Cumulative %
1	8.364	55.758	55.758
2	3.739	24.925	80.684
3	1.423	9.485	90.168
4	1.060	7.064	97.232

表2垂直方向主成分分析的结果表明，舌头垂直方向的变化也可以综合成4个主成分，这4个主成分可以解释累计97.232%的变异。

根据主成分分析的结果，水平方向和垂直方向都可以选择4个主成分做因子分析。为了便于用因子载荷和因子得分恢复原始坐标数据，采用协方差矩阵做因子分析。

水平方向做因子分析，并根据最大方差旋转，结果如表3所示。

表 3　　水平方向因子分析结果

	Raw Component				Rescaled Component			
	1	2	3	4	1	2	3	4
T1X	2. 344	6. 372	2. 080	0. 107	0. 328	0. 892	0. 291	0. 015
T2X	3. 336	2. 912	5. 551	0. 252	0. 467	0. 407	0. 776	0. 035
T3X	10. 759	2. 770	2. 219	1. 612	0. 938	0. 242	0. 194	0. 141
T4X	0. 450	0. 732	2. 194	1. 638	0. 132	0. 214	0. 641	0. 478
T5X	1. 349	2. 629	0. 990	2. 609	0. 322	0. 628	0. 236	0. 623
T6X	2. 027	2. 431	5. 193	0. 650	0. 326	0. 391	0. 835	0. 105
T7X	4. 353	2. 567	4. 566	0. 416	0. 632	0. 373	0. 663	0. 060
T8X	6. 160	2. 201	3. 136	0. 987	0. 832	0. 297	0. 424	0. 133
T9X	8. 382	2. 329	2. 343	1. 426	0. 916	0. 255	0. 256	0. 156
T10X	8. 628	3. 325	2. 185	0. 904	0. 902	0. 347	0. 228	0. 094
T11X	6. 720	4. 236	2. 012	0. 527	0. 814	0. 513	0. 244	0. 064
T12X	4. 541	5. 360	1. 875	0. 305	0. 621	0. 733	0. 256	0. 042
T13X	2. 150	5. 909	2. 092	0. 744	0. 321	0. 882	0. 312	0. 111
T14X	2. 000	5. 390	2. 038	1. 496	0. 317	0. 853	0. 323	0. 237
T15X	1. 603	4. 274	1. 663	1. 984	0. 303	0. 808	0. 314	0. 375

表 4　　垂直方向因子分析结果

	Raw Component				Rescaled Component			
	1	2	3	4	1	2	3	4
T1Y	10. 266	2. 012	-1. 050	0. 788	0. 965	0. 189	-0. 099	0. 074
T2Y	-0. 659	0. 755	7. 727	-0. 489	-0. 084	0. 096	0. 983	-0. 062
T3Y	1. 693	5. 710	1. 687	0. 465	0. 271	0. 913	0. 270	0. 074
T4Y	-0. 056	0. 142	-0. 463	4. 811	-0. 011	0. 029	-0. 094	0. 981
T5Y	5. 509	1. 350	1. 347	-0. 797	0. 867	0. 212	0. 212	-0. 125
T6Y	-0. 220	0. 808	3. 237	2. 449	-0. 053	0. 193	0. 775	0. 586
T7Y	0. 606	2. 197	6. 495	-0. 832	0. 087	0. 315	0. 930	-0. 119
T8Y	1. 428	3. 879	4. 760	-0. 680	0. 222	0. 603	0. 741	-0. 106
T9Y	1. 664	5. 455	2. 754	-0. 108	0. 260	0. 853	0. 431	-0. 017
T10Y	2. 912	5. 299	1. 035	0. 561	0. 468	0. 853	0. 166	0. 090
T11Y	5. 377	4. 333	0. 282	0. 347	0. 767	0. 618	0. 040	0. 049

续表

	Raw Component				Rescaled Component			
	1	2	3	4	1	2	3	4
T12Y	8. 183	2. 819	−0. 431	0. 487	0. 934	0. 322	−0. 049	0. 055
T13Y	9. 393	1. 704	−0. 437	0. 376	0. 979	0. 178	−0. 046	0. 039
T14Y	7. 908	1. 365	0. 306	−0. 230	0. 976	0. 169	0. 038	−0. 028
T15Y	6. 433	1. 201	0. 961	−0. 707	0. 936	0. 175	0. 140	−0. 103

垂直方向做因子分析，并根据最大方差旋转，结果如表 4 所示。

由于用协方差矩阵做了因子分析，并按最大方差进行旋转，因此在因子矩阵中我们参照 Raw 列分析 Rescaled 列的 4 个因子对各变量的影响大小，研究舌头的运动规律。

如表 3 所示，水平方向（X 坐标），15 个特征点 X 坐标对 4 个因子的贡献率各有不同，把舌头分为 4 个明显独立的部分，各因子与 15 个特征点关联程度如图 3 所示。

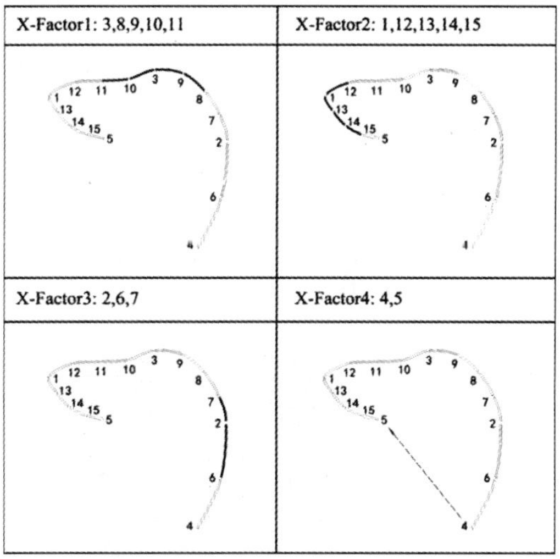

图 3　X 因子对各特征点影响程度

如表 4 所示，垂直方向（Y 坐标），15 个特征点 Y 坐标对 4 个因子的贡献率也各有不同，也把舌头分为 4 个明显独立的部分，各因子与 15 个特征点关联程度如图 4 所示。

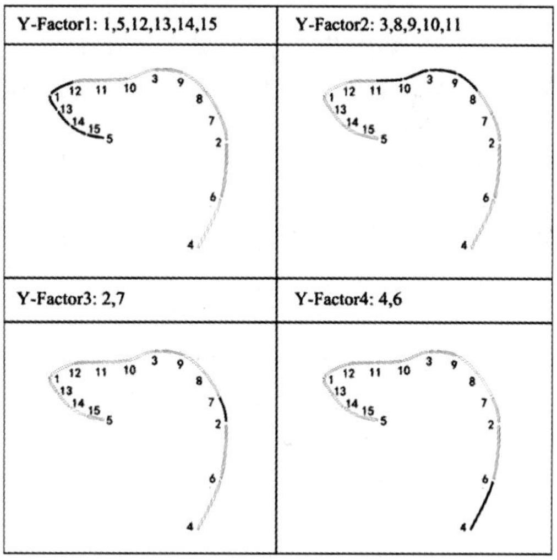

图 4　Y 因子对各特征点影响程度

由以上结果可以看出，无论水平方向还是垂直方向，舌头都被分成了舌尖、舌面、舌根和连接舌骨的固定点四个部分。汉语普通话发音过程中，舌面在水平方向上运动幅度最大，舌尖在垂直方向上运动幅度最大，无论水平方向还是垂直方向，舌根运动幅度都较小。语音学中理性的主观的把舌头的发音部位分为舌尖、舌面、舌根三部分，有实践的客观的可靠性。

在因子分析的基础上，我们对参数进行降维，把 15 个 X 坐标综合成 4 个水平因子，把 15 个 Y 坐标综合成 4 个垂直因子，这 8 个因子作为驱动舌头发音模型的参数。用这 8 个参数恢复 15 个特征点的 X 和 Y 坐标时，平均误差是 0. 009（约合 0. 9 个点距）。

3.5 构造模型

发音过程中舌头的运动方式可以通过因子分析的结果用回归方程描述出来，以舌头的第一个特征点为例，这个点的运动轨迹方程如下：

$$T1X = 118.54 + 2.344 \times TXFS1 + 6.372 \times TXFS2 + 2.08 \times TXFS3 + 0.107 \times TXFS4$$

$$T1Y = 227.67 + 10.266 \times TYFS1 + 2.012 \times TYFS2 - 1.05 \times TYFS3 + 0.788 \times TYFS4$$

T1X和T1Y是舌头第一个特征点的X坐标和Y坐标。118.54和227.67分别是所有12657帧图像中舌头第一个特征点的X坐标和Y坐标平均值。2.344和10.266等值是舌头第一个特征点的水平方向和垂直方向因子系数矩阵的因子载荷。TXFS1和TYFS1等变量分别是舌头第一个特征点的4个X因子和4个Y因子的因子得分。

由以上方程可以看出，发音过程建模的第一步是计算所有图像的各个特征点的坐标平均值，由此可以得到一幅发音位置基准图像，这幅图像是发音器官运动的参照标准。

把因子得分作为可调参数，乘以因子系数载荷，再与基准图像线性叠加，就可以描述发音器官的运动方式。

经过这样处理之后，我们得到了一个参数控制的按照规则调控的发音模型。

4. 研究结果

对于汉语普通话音节［$\mathrm{t^hu}$］，未旋转的模型图形（顶层蓝线）和原始位图图形（底层灰线）进行对比，音节［$\mathrm{t^hu}$］的运动图像第20帧，第25帧，第42帧，对比图形如图5所示。

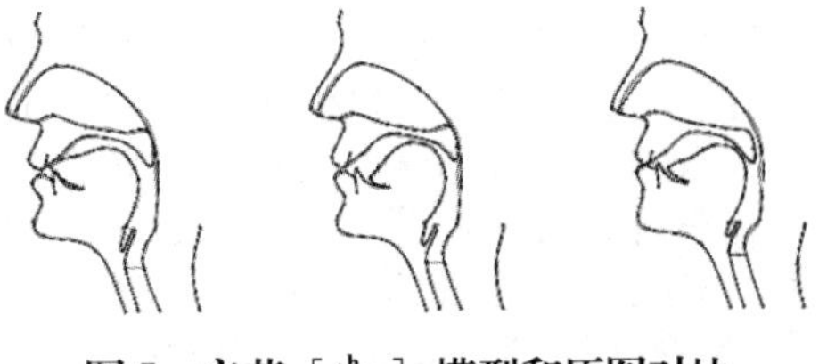

图5 音节［$\mathrm{t^hu}$］模型和原图对比

经过因子分析后的模型参数与原始语音的声学特征有很高的一致性。众所周知，舌面位置的高低前后和元音的第一共振峰以及第二共振峰有密切联系，舌面位置的前后影响第二共振峰，舌面位置越靠前（靠近齿龈），元音的第二共振峰频率值越大；舌面位置的高低影响第一共振峰，舌面位置越靠上（靠近上腭），元音的第一共振峰频率值越小。

以音节［piau］为例，下面图6、图7、图8能够充分说明，舌头水平方向因子X-Factor1与第二共振峰，以及舌头垂直方向因子Y-Factor2与第一共振峰之间的变化关系。

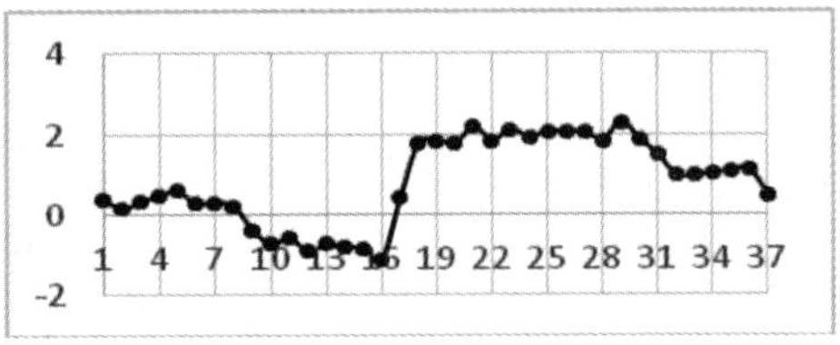

图6 ［piau］的舌头水平方向因子X-Factor1

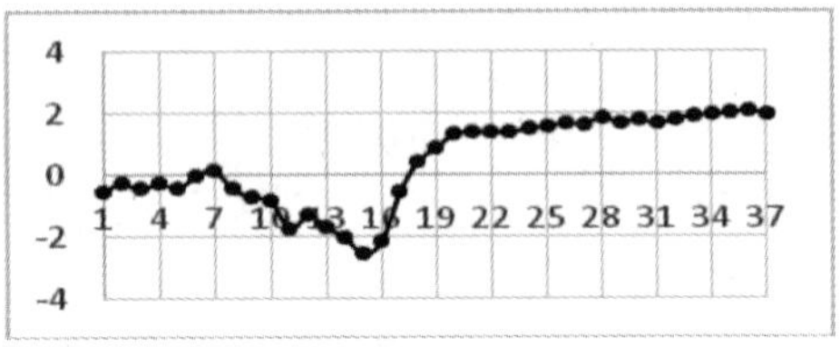

图7 ［piau］的舌头垂直方向因子Y-Factor2

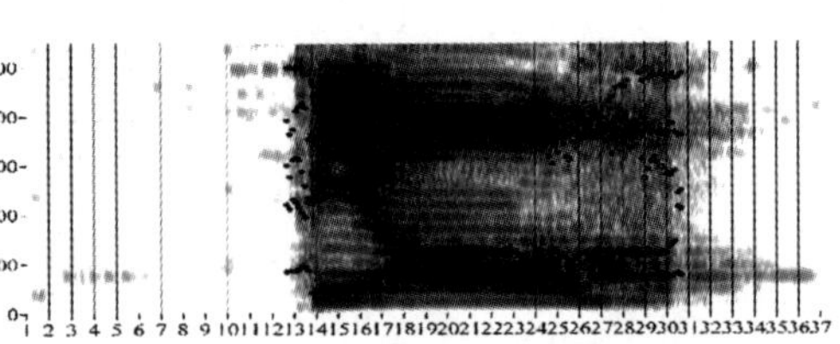

图8 ［piau］的语图和共振峰

如图3所示，X-Factor1是代表舌面在水平方向位置移动的因子，舌面水平向右移动是正方向；如图4所示，Y-Factor2是代表舌面在垂直方向位置移动的因子，舌面竖直向下移动是正方向；在图6和图7

中，横轴是帧数，纵轴是因子得分；在图8中，横轴是帧数，纵轴是频率。以双唇张开和塞音［p］爆破发声为标准，把图像和声音对齐。

水平方向从第 16 帧发生剧烈变化，舌面向后移动，第二共振峰减小，变化情况如图 8 从下往上数第二条浓黑线所示；垂直方向从第 15 帧发生剧烈变化，舌面向下移动，第一共振峰增大，变化情况如图 8 从下往上数第一条浓黑线所示。

5. 结束语

ASY 和 CASY 是几何模型，舌头形状由简单的几何图形构成，并非真实的舌头调音动作；Maeda 模型虽然是统计模型，但是建模样本较小，并且是静态发音动作建模，仅能构造非常有限的舌头形状，无法模拟卷舌等发音动作；生理机能模型的解剖参数难以获得，并且控制方式过于复杂，所生成的发音动作准确度并不高。与这些模型进行对比，我们的模型是对真实发音过程的 12657 帧连续发音动作图像进行处理后的动态调音模型，综合了几何模型和统计分析模型的优势，既有几何模型的灵活性，又有统计模型的真实数据基础。

由于我们的模型基于连续音节发音过程录像，因此能够揭示协同发音的内在机制。我们的模型是因子参数模型，能够反映发音过程中舌尖、舌面、舌根既相对独立又相互关联的系统性变化规律。因此，这个模型对于研究发音原理有重要价值。

6. 致谢

在研究和写作过程中得到了鲍怀翘先生的指导，在此表示深深的感谢。

参考文献

［1］ Daniel, J. 1956. An *Outline of English Phonetics* (*Eighth Edition*). Heffer, Cambridge,: 29-39.

［2］ Stevens, K. N. 1955. House A. S. Development of a Quantitative Description of Vowel Articulation. *Journal of the Acoustical Society of America*, 27 (3): 484-493.

［3］ Fant, C. G. M. 1960. *Acoustic Theory of Speech Production*. Mouton, The Hague, 97-138.

［4］ Harshman, R., Ladefoged, P. 1977. Goldstein L. Factor analysis of tongue shapes. *Journal of the Acoustical Society of America*, 62 (3): 693-707.

［5］ Iskarous, K. 2005. Patterns of tongue movement. *Journal of Phonetics*, 33 (4): 363-381.

［6］ Coker, C. H. 1976. A model of articulatory dynamics and control. *Proceedings of the IEEE*, 64 (4): 452-460.

［7］ Mermelstein, P. 1973. Articulatory model for the study of speech production. *Journal of the Acoustical Society of America*, 53 (4): 1070-1082.

［8］ Iskarous, K. 2003. et al. CASY: The Haskins Configurable Articulatory Synthesizer, *15th ICPhS*, Barcelona, 185-188.

［9］ Maeda, S. 1982. A digital simulation method of the vocal-tract system. *Speech Communication*, 1 (3-4): 199-229.

［10］ Perkell, J. S. 1974. *A physiologically-oriented model of tongue activity in speech production*. Massachusetts: Massachusetts Institute of Technology.

［11］ Wilhelms - Tricarico R. Physiological modeling of speech production: Methods for modeling soft - tissue articulators. *Journal of the Acoustical Society of America*, 1995, 97 (1): 3085-98.

［12］ Gerard, J. M., 2006. Wilhelms-tricarico R., Perrier P., et al. A 3D dynamical biomechanical tongue model to study speech motor control. *Physics*, 1: 49-64.

［13］ Dang, J. Honda, K. 2004. Construction and control of a physiological articulatory model. *Journal of the Acoustical Society of America*, 115 (2): 853-870.

［14］ Fang, Q. Dang, J. 2006. Speech Synthesis Based on a Physiological Articulatory Model. *Chinese Spoken Language Processing*. Springer Berlin Heidelberg, 2006: 211-222.

［15］ Steiner. I. Maguer, S. L. 2016, Hewer A. Synthesis of Tongue Motion and Acoustics from Text using a Multimodal Articulatory Database. *IEEE/ACM Transactions on Audio Speech & Language Processing*, 25 (12).

[16] 张金光:《语言发音模型研究综述》,《计算机工程与应用》2018年第12期,第27—34页。
[17] Zhang, J. Wu, X. Kong, J. 2017. Tongue shape variation model for simulating Mandarin Chinese articulation. *International Symposium on Chinese Spoken Language Processing. IEEE*, 1-5.
[18] 鲍怀翘、林茂灿:《实验语音学概要》(增订版),北京大学出版社2014年版。
[19] 汪高武:《汉语普通话声道调音模型研究》,博士学位论文,北京大学,2010年。
[20] Wardhani, A. W. Gonzalez, R. 1998. Automatic Image Structure Analysis. Multimedia Computing and Systems, *Proceedings. IEEE International Conference on. IEEE Xplore*, 180-188.
[21] Kass, M. Witkin, A. Terzopoulos D. 1988. Snakes: Active contour models. *International Journal of Computer Vision*, 1 (4): 321-331.
[22] 曾绍标、韩秀芹、翟瑞彩:《工程数学基础》,科学出版社2001年版。
[23] 张文彤:《SPSS统计分析高级教程》,高等教育出版社2004年版。

张金光 河北师范大学文学院,博士,讲师,主要研究领域为实验语音学。
E-mail: zhjg@pku. edu. cn

孔江平 北京大学中国语言文学系,博士,教授,主要研究领域为实验语音学。
E-mail: jpkong@pku. edu. cn

元音音质对越南、韩国学习者汉语声调感知的影响

曹　冲　张劲松　李爱军

摘　要　本文以25名越南语母语者和20名韩语母语者为研究对象，通过修改共振峰、基频等声学参数合成一系列声学刺激进行声调感知实验，考察元音音质对二语者汉语普通话声调感知的影响。研究结果表明：（1）除了基频之外，共振峰也是二语者汉语声调知觉的辨认依据；（2）在阴平到阳平调的连续统感知上，两组二语者均受到了元音音质的影响，表现为：元音的共振峰分布越靠近高元音/i/，范畴边界越小，越倾向感知成阳平；（3）在阴平到去声调的连续统感知上，只有越南语母语者受到了元音音质的影响，表现为：元音的共振峰分布越靠近高元音/i/，范畴边界越小，越倾向感知成去声。
关键词　声调；元音音质；共振峰；范畴感知

Effects of Vowel Qualities on the Perception of Chinese Lexical Tones by Native Vietnamese and Korean Speakers

CAO Chong　ZHANG Jingsong　LI Aijun

Abstract The study examined the effects of vowel qualities on the perception of Chinese lexical tones by 25 native Vietnamese speakers and 20 native Korean speakers. Tone identification tests with a series of synthesized stimuli manipulated in formants and fundamental frequencies (i. e., f0) were conducted. Results showed that (1) Apart from the f0, the formant was also the cue that the second language learners (i. e., L2 learners) made use of during the process of tone perception. (2) Both groups were affected by the vowel qualities during the perception of the T1_T2 continuum. Specifically, the higher vowel formant distribution was more likely to be perceived as Tone 2. (3) Only native Vietnamese speakers demonstrated the effect from vowel qualities during the perception of the T1_T4 continuum. Specifically, the higher vowel formant distribution was more likely to be perceived as Tone 4.
Key words Tone; Vowel quality; Formant; Categorical perception

1. 引言

在汉语作为第二语言的习得过程中，声调一直是汉语学习者语音习得中的难点。“洋腔洋调”形成的关键不是声母和韵母，而是在声调和比声调更高的语音层次［18］。从某种意义上来说，声调的重要程度大于声母和韵母［15］。语言学习模型（Speech Learning Model，SLM）认为，感知是产出的前提，没有正确的感知就不会有正确的产出［3，4］。因此，形成正确的声调感知对二语者克服“洋腔洋调”至关重要。

已有关于汉语学习者声调知觉的研究主要集中在两个方面：一是习得顺序、难易程度以及知觉混淆模式研究。这类研究往往以自然音节为语料进行声调听辨实验，通过对四个声调的“听辨正确率”进行高低排序从而得出相应的结论。对绝大多数二语者来说，阴平和去声是相对比较容易感知的声调，阳平和上声由于其相似的调型往往是知觉的难点，因此，阴平和去声的习得往往早于阳平和上声。当然，二语者受到自身母语背景的影响也会表现出特定的声调偏误模式。例如，对越南学习者来说，除了阳平和上声，阴平和去声也是容易混淆的一对声调［21］。二是声调范畴化知觉研究。这类研究往往使用合成的连续声学刺激进行范畴化感知实验，

通过分析辨认曲线和区分曲线的特点判断二语者对汉语声调是否形成了范畴化感知。例如，张林军［25］考察了不同汉语水平的日本、韩国以及泰国学习者感知汉语普通话阴平和阳平的情况，发现零基础的学习者并没有表现出任何的范畴化能力，初级汉语水平的泰国学习者声调范畴化能力得到了一定的发展，但范畴化程度与汉语母语者相比仍存在差异，中级水平的学习者在此基础上范畴化能力再次提高。王韫佳［20］考察了不同汉语水平的韩语母语者对普通话阴平和阳平、阳平和上声的感知，发现高级汉语水平的韩国学习者与汉语母语者一样，对阴平和阳平的辨认呈现出范畴化感知的特点，初级组对阴平和阳平的区分没有表现出典型的范畴化特征；而对阳平和上声的感知韩国学习者并未呈现任何范畴化倾向，与汉语母语者的感知模式存在差异。整体来看，二语者声调范畴化研究结果表明，有声调背景的二语者其范畴化程度高于非声调背景的二语者，高水平二语者的范畴化程度又高于低水平二语者，阴平和阳平或阴平和去声的范畴化程度又高于阳平和上声。无论是习得顺序、难易程度还是范畴化知觉，这些研究通常都认为基频是二语者辨认汉语声调最主要的线索，因而在操控实验语料、分析实验结果、探讨偏误成因过程中所依据的主要是声调的基频属性：音高曲线斜率（pitch contour）和音高高度（pitch height）。除了基频以外，二语者在感知汉语声调的过程中是否还利用了其他线索，这是一个仍待探讨的问题。

传统的声源滤波理论认为声源与声道是分离的，相互独立，并不相互干扰。近年来，越来越多的研究开始关注音段与声调的关系，尤其是元音对声调感知的影响。杨玉芳［23］采用高、低元音负载的阳平_上声声调连续统做刺激，利用范畴化知觉范式研究元音音色对声调感知的影响，结果发现舌位较低的元音更倾向感知成调值相对较高的阳平。这一结论也得到了后续研究的支持［5，13，19，22，28］。已有关于元音对声调感知影响的研究都是以汉语母语者为研究对象，没有涉及二语者。这引发了我们的思考：二语者在声调知觉过程中是否受到元音的影响呢?

元音音色主要由共振峰决定，尤其是前三个共振峰［6］。已有研究通过线性预测、倒谱（快速傅里叶变化）、低通/高通滤波等方法，将音节中的基频信息与共振峰信息分离进行声调辨认，结果发现基频并不是声调辨认的唯一依据，语音信号中的共振峰也可以为声调辨认提供一定的信息。例如，梁之安［17］使用经过低通和高通滤波后的合成语音进行声调辨认实验，结果发现在滤去基频成分，保留第一、第二或第一和第二共振峰的情境下声调的辨认率依旧很高，远远高出随机水平。已有的这些研究对本文的研究方法具有一定的启发。

本研究从二语习得角度出发考察二语者声调辨认过程中元音的影响。实验一采用梁之安［17］的方法对二语者的声调辨认依据进行探讨，考察除基频之外，二语者是否利用共振峰线索进行声调感知。实验二合成一组逐步修改共振峰参数的元音连续统和两组逐步修改基频参数的声调连续统，元音连续统内的每个刺激承载两组声调连续统进行感知听辨，考察二语者在汉语声调的知觉过程中是否受到不同共振峰分布下元音的影响。

2. 实验一汉语普通话声调辨认依据

本实验的目的是考察越南语母语者和韩语母语者感知汉语声调时的辨认依据，为实验二提供方法上的依据。

2.1 方法

2.1.1 刺激

参考梁之安（1963）年的实验设计，我们选取了一位男性发音人产出的ma、bo、ke、di、fu、ju等6个音节，这6个音节涵盖了a、o、e、i、u、ü等六个单元音韵母，也涵盖了鼻音、塞音、擦音、塞擦音等不同发音方式的声母。通过分析这6个音节在四个声调下的基频和共振峰，我们选择滤去6个音节中0—220赫兹（Hz）的成分，0—220 Hz基本涵盖了该发音人四个声调的基频上限和基频下限，滤去0—220Hz也就相当于滤去了音节中的基频。另外，音节di除了滤去0—220Hz之外，还分别滤去0—1000Hz，0—2000Hz，220—10000Hz，0—220Hz及1000—10000Hz等成分。滤去这些频率的原因如下：元音i的第一共振峰（F1）在250Hz左右，第二共振峰（F2）在2000Hz左右（略高于2000Hz），当滤去0—1000Hz或0—2000Hz成分时，相当于除去音节的基频及第一共振峰；当滤去220—10000Hz的成分时，相当于除去音节所有的共振峰，只留下基频；既滤去0—220Hz也滤去1000—10000Hz的成分时，相当于既除去了基频也除去了第二共振峰，只留下第一共振峰。

2.1.2 被试

25名越南语母语者（男性9名，女性16名）和20名韩语母语者（男性11名，女性9名）。所有被试的汉语水平考试（HSK（新））等级达到5级或6级，汉语学习时间至少2年及以上。为保证被试方言背景的一致性，25名越南语被试均来自越南北部方言区，其中绝大部分来自河内。20名韩语母语者来自首尔、京畿道、仁川等地区，不包括庆尚道地区（庆尚道地区是韩国六种方言区中唯一保留声调的方言区）。

2.1.3 流程

听辨在录音室进行，环境安静，所有刺激由Praat软件随机播放，一个刺激重复播放3次，总共120个刺激［（滤去基频的6音节+滤去不同共振峰频率的4音节）×4个声调×3次重复=120］。听辨过程中要求被试又快又准地对所听刺激的声调进行四择一的强迫选择：阴平、阳平、上声、去声。正式实验开始之前，被试通过练习阶段熟悉实验操作和测试流程。

2.2 结果

2.2.1 越南语母语者

表1是滤去0—220Hz成分的6个音节（分别是ma、bo、ke、di、fu、ju）四个声调的听辨正确率及混淆矩阵。从表1可以看出，在滤去音节的基频成分后，声调的辨认正确率均比较高，其中，阴平和阳平最高，为97%，去声次之，为95%，上声的辨认率略低，为88%。由此可见，上声依旧是越南语母语者汉语声调习得的难点。从混淆类型看，阴平的偏误形式主要表现为去声和阳平，阳平的偏误形式主要表现为阴平和去声，上声的偏误形式主要表现为阳平，去声最主要的偏误形式表现为阴平。由此可见，上声和阳平依旧是越南语母语者最容易混淆的声调对。但是，两者的混淆是不对称的：几乎所有的上声偏误都表现为阳平，而阳平的偏误却没有表现为上声。除了阳平和上声之外，阴平和去声也是越南语母语者容易混淆的声调对，从表1也可以看出去声的偏误都表现为阴平，阴平绝大部分的偏误也表现为去声。

表1　滤去0—220Hz成分的越南语母语者6个音节的声调辨认率　单位:%

	阴平	阳平	上声	去声
阴平	0.97	0.01	0.00	0.02
阳平	0.02	0.97	0.00	0.01
上声	0.00	0.11	0.88	0.00
去声	0.05	0.00	0.00	0.95

表2是音节di在分别滤去0—220Hz，0—1000Hz，0—2000Hz，220—10000Hz，以及同时滤去0—220和1000—10000Hz成分后的声调辨认率。从表2可以看出，所有情况下音节di的声调辨认率都较高，超过80%。其中基频和第一共振峰信息保留的声调辨认率比第二共振峰高。

表2　滤去一定成分后越南语母语者音节di的声调辨认率

滤去频率（Hz）	辨认率（%）	附注
0—220	0.85	除去基频
0—1000	0.84	除去基频及F1
0—2000	0.817	同上
220—10000	0.857	除去所有共振峰
0—220 1000—10000	0.89	除去基频及F2

结合表1和表2，我们发现：对越南语母语者来说，不论除去基频，或除去基频及第一共振峰，或除去基频及第二共振峰，或除去所有共振峰只留下基频，越南语母语者都能以较高的正确率判断音节的声调类型。

2.2.2 韩语母语者

表3列举了滤去基频成分（0—220Hz）后6个音节的声调辨认率。从表3可以看出，阴平和去声的辨认率最高，为100%，阳平次之，为98%，上声的辨认率最低，为93%。从混淆类型来看，阳平的偏误形式主要表现为阴平和上声，上声的偏误形式主要表现为阳平。由此可见，阳平和上声也是韩语母语者容易混淆的声调对，并且两者的混淆也是不对称的：上声误听为阳平的比例高于阳平误听为上声的比例。

表3 滤去0—220Hz成分的韩语母语者6个音节的声调辨认率 单位:%

	阴平	阳平	上声	去声
阴平	1.00	0.00	0.00	0.00
阳平	0.01	0.98	0.01	0.00
上声	0.00	0.06	0.93	0.00
去声	0.00	0.00	0.00	1.00

表4是音节di在分别滤去0—220Hz，0—1000Hz，0—2000Hz，220—10000Hz，以及同时滤去0—220Hz和1000—10000Hz成分后的声调辨认率。从表4可以看出，韩语母语者在所有情境下声调的听辨正确率都很高，均在95%之上。

表4 滤去一定成分后韩语母语者音节di的声调辨认率

滤去频率（Hz）	辨认率（%）	附注
0—220	0.97	除去基频
0—1000	0.99	除去基频及F1
0—2000	0.98	同上
220—10000	0.95	除去所有共振峰
0—220 1000—10000	0.97	除去基频及F2

结合表3和表4，我们可以看出，不论是除去基频，或除去基频及第一共振峰，或除去基频及第二共振峰，或除去所有共振峰，只留下基频，都不能完全除去音节声调的特性。韩语母语者依旧能以较高的正确率辨认出声调的类型。

2.3 小结

第一，从滤去基频成分后6个音节的听辨正确率来看，越南语母语者和韩语母语者均表现出上声听辨正确率最低的趋势，说明上声是两组被试的辨认难点。从混淆类型来看，两组被试主要表现为阳平和上声的混淆，但是，两者混淆的方向并不对等：绝大多数的上声偏误表现为阳平，而阳平却并不表现为上声。

第二，从滤去一定成分后音节di的辨认率来看，不论是滤去基频成分，还是滤去各类共振峰成分，两组被试均以较高的正确率完成了声调的听辨，说明两组被试在知觉汉语声调的过程中除了基频之外还充分利用了共振峰线索。

3. 实验二　元音音质对声调感知的影响

本实验考察的是越南语母语者和韩语母语者感知汉语声调的过程中是否受到承载声调的不同音质的元音的影响。

3.1 方法

3.1.1 刺激

第一，元音连续统合成

合成了一个从低元音/a/到高元音/i/的元音连续统，这两个元音的舌位在高低、前后上均存在较大差异，因而共振峰的差异也比较大，这样更有利于我们操控元音连续统合成过程中的共振峰参数。前三个共振峰（F1、F2、F3）是元音区分的重要声学线索，因此我们主要修改前三个共振峰的频率来合成元音连续统。元音/a/和元音/i/的F1，F2，F3作为元音连续统起始音节和终点音节的共振峰基准，低元音/a/被选为起始音节，高元音/i/被选为终点音节，即元音连续统中的第一个刺激为典型的低元音/a/，最后一个刺激为典型的高元音/i/，中间的刺激从元音/a/上等步长修改前三个共振峰得到。元音连续统共包含 10 个刺激，每个刺激的时长被归一为 400 毫秒。

第二，声调连续统合成

合成了两组声调连续统：阴平_阳平（T1_T2）、阴平_去声（T1_T4）。之所以选择这两组声调连续统，是因为已有声调习得研究表明，相比 T2_T3 连续统，这两组声调连续统是二语者感知范畴化程度最高的。图 1 给出了两个声调连续统的合成示例，图中的横坐标表示时长，纵坐标表示基频 F0（Hz）。每个声调连续统包含 10 个刺激，每个刺激的时长归一为 400 毫秒。T1 被定为 T1_T2 与 T1_T4 连续统的起始声调，T2、T4 分别被定为连续统的终点声调，中间的刺激都从 T1 上等步长修改关键点基频得到。根据对该发音人产出的阳平单音节拐点位置的统计，选取位于基频曲线 25% 处的点作为阳平的拐点。研究采用三个特征点合成 T1_T2 连续统，分别是起点、拐点和末点，合成过程中保持末点不变，逐步改变起点和拐点的值；采用两个特征点合成 T1_T4 连续统，分别是起点和末点，合成过程中同时改变起点和末点的值。

3.1.2　被试

与实验一被试一致。

3.1.3　流程

本实验为声调听辨任务，声调听辨分为两个阶段，T1_T2 声调连续统听辨和 T1_T4 声调连续统听辨。听辨过程中要求被试对所听刺激的声调进行二择一的强迫选择。每个阶段内的刺激随机播放，每次呈现一个刺激，每个刺激重复播放 3 遍，每个阶段听辨 300 个刺激，一共 600 个刺激（10 个元音刺激 ×10 个声调刺激 ×2 个连续统 ×3 次重复 =600）。

3.2 结果

3.2.1　T1_T2 连续统知觉

越南语母语者和韩语母语者 10 个元音刺激承载的 T1_T2 声调连续统辨认曲线分别如图 2 和图 3 所示。图中的横坐标表示声调连续统的 10 个刺激，纵坐标表示识别为阴平的比例，实线表示阴平，虚线表示阳平。图例中的 1—10 个数字分别表示元音刺激的编号，1 号元音是典型的低元音/a/，10 号元音是典型的高元音/i/。

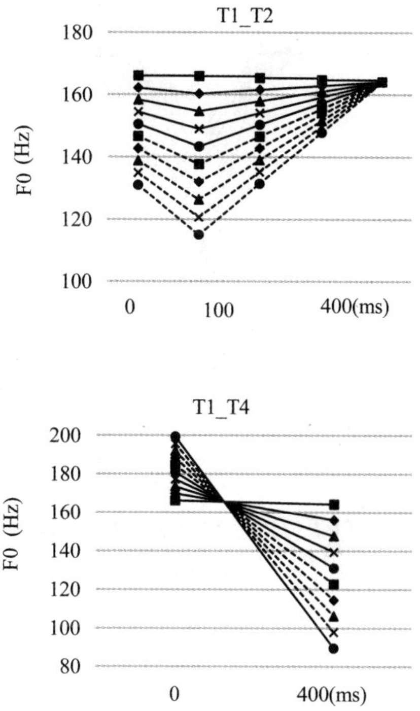

图 1　声调连续统合成示例。

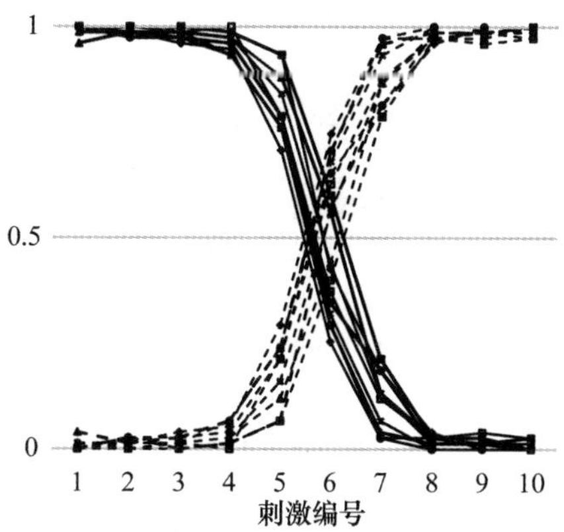

图 2　越南语母语者 10 个元音刺激承载的 T1_T2 连续统听辨曲线

从图 2 和图 3 可以看出，10 个元音刺激承载的 T1_T2 连续统的听辨曲线均呈现

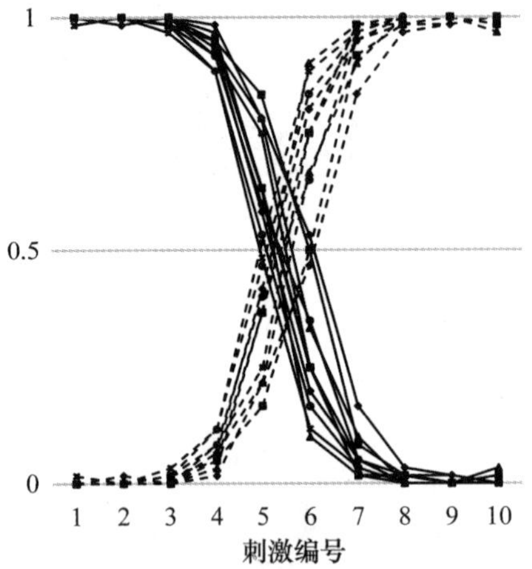

图 3 韩语母语者 10 个元音刺激承载的 T1_T2 连续统听辨曲线

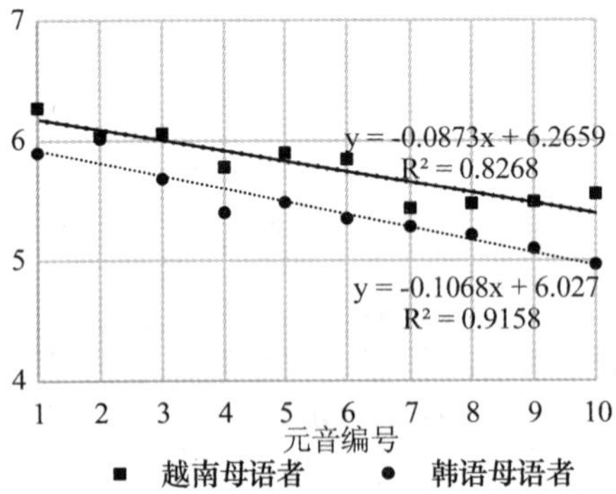

图 4 10 个元音刺激承载的 T1_T2 连续统范畴边界

出一个大写英文字母"X"形，范畴两端刺激的听辨正确率接近 100%，范畴间刺激的正确率急剧下降，听辨曲线的斜率变得陡峭，这是典型的范畴感知模式，说明本实验中的越南语母语者和韩语母语者对汉语普通话阴平、阳平的感知属于范畴化感知。

采用 Logistic 回归的方法，构造 Logistic 回归模型计算两组被试 10 个元音刺激听辨曲线的范畴边界和范畴宽度。越南语母语者和韩语母语者 10 个元音刺激承载的 T1_T2 连续统听辨的范畴边界如图 4 所示，横坐标表示 10 个元音刺激，纵坐标表示范畴边界，实线和点线分别表示越南语母语者和韩语母语者范畴边界的趋势线。

从图 4 可以看出，对越南语母语者来说，1 号元音的范畴边界最大，总的来说，10 个元音刺激的范畴边界虽然存在一定的起伏波动，但整体上呈现出下降的趋势，如图 4 中的趋势线（实线）所示。对韩语母语者来说，2 号元音的范畴边界较 1 号元音相比有略微上升，此后范畴边界一直下降，持续到 4 号元音，5 号元音的范畴边界又较 4 号元音相比，有略微的上升，紧接着，元音的范畴边界呈现下降的趋势，一直持续到最末一个元音。总的来说，10 个元音刺激的范畴边界虽然存在一些起伏波动，但整体上仍呈现下降的趋势，如图 4 中的趋势线（虚线）所示。T1 是 T1_T2 声调连续统中的起始声调，低元音/a/是元音连续统中的第一个元音刺激，图 4 表明：不论是越南语母语者还是韩语母语者，随着元音连续统中刺激的共振峰分布越来越靠近高元音/i/，其范畴边界越来越小，越来越倾向感知成 T1_T2 连续统中调值相对较低的 T2。

我们对越南语母语者和韩语母语者 10 个元音刺激的范畴边界和范畴宽度做了统计检验，统计检验结果表明范畴边界存在显著性差异［越南语母语者：$F(9, 216) = 8.496$，$p < 0.001$；韩语母语者：$F(9, 171) = 10.243$，$p < 0.001$］，范畴宽度不存在显著性差异［越南语母语者：$F(9, 216) = 1.293$，$p = 0.242$；韩语母语者：$F(9, 171) = 1.769$，$p = 0.077$］。

3.2.2 T1_T2 连续统小结

第一，越南语母语者和韩语母语者对汉语普通话阴平、阳平的感知属于范畴化感知。从范畴边界大小来看，越南语母语者稍大于韩语母语者。范畴边界越大，说明阴平的感知范围越宽，阳平的感知范围越窄。也就是说，越南语母语者要将一个声调刺激辨认为阳平，需要基频曲线有一个更为明显的上升过程。

第二，尽管 10 个元音刺激的范畴边界存在上下不等的波动，但越南语母语者、韩语母语者的感知结果整体上呈现下降的趋势：随着元音的共振峰分布越来越靠近高元音/i/，其范畴边界越来越小，越来越倾向感知成调值相对较低的阳平。

第三，无论是越南语母语者还是韩语母语者，10个元音刺激的范畴宽度均没有显著性差异。范畴宽度是范畴化程度的重要表征之一，这说明不同共振峰分布下元音对T1_T2感知的影响不在范畴化程度，而在范畴边界。

3.2.3 T1_T4连续统知觉

越南语母语者和韩语母语者10个元音刺激承载的T1_T4声调连续统辨认曲线分别如图5和图6所示。图中的横坐标表示声调连续统的10个刺激，纵坐标表示识别为阴平的比例，实线表示阴平，虚线表示去声。图例中的1—10个数字分别表示元音连续统中元音的编号。从图5和图6可以看出，10个元音承载的T1_T4连续统的听辨曲线呈现一个大写的英文字母“X”形，范畴内刺激的辨认正确率接近100%，范畴边界处刺激的听辨正确率逐渐降低，辨认曲线的斜率变陡。这说明越南语母语者和韩语母语者对汉语普通话阴平和去声的感知也属于范畴化感知。

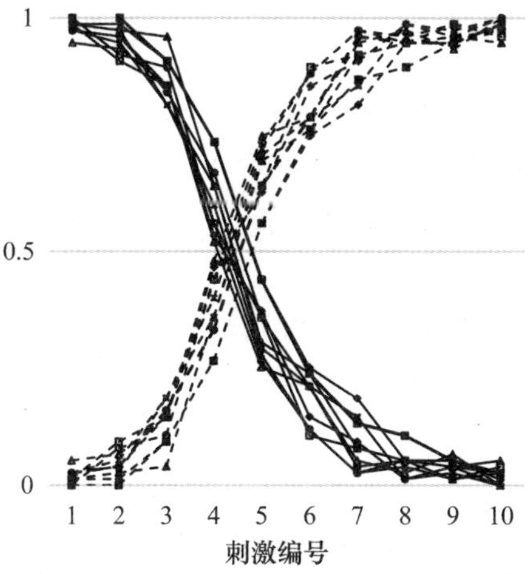

图5 越南语母语者10个元音刺激承载的T1_T4连续统听辨曲线

经过计算，越南语母语者和韩语母语者10个元音刺激承载的T1_T4声调连续统的范畴边界如图7所示，横坐标表示10个元音刺激，纵坐标表示范畴边界，实线和点线分别表示越南语母语者和韩语母语者范畴边界的趋势线。

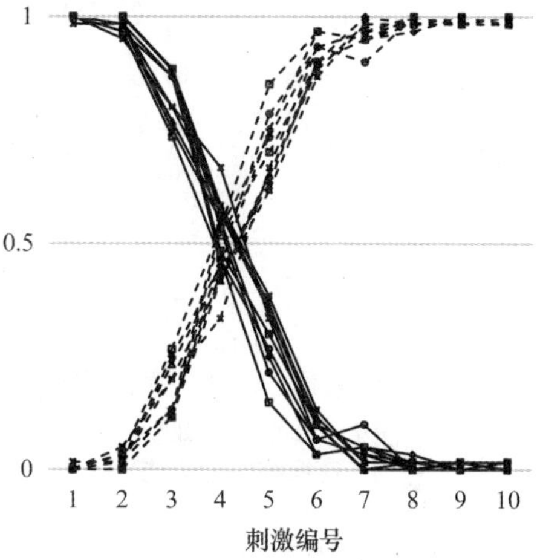

图6 韩语母语者10个元音刺激承载的T1_T4连续统听辨曲线

从图7可以看出，对越南语母语者来说，10个元音刺激的范畴边界虽然存在一些起伏波动，但整体上仍呈现下降的趋势，如图7中的趋势线（实线）所示。T1是T1_T4连续统中的起始声调，低元音/a/是元音连续统中的第一个元音刺激，图7表明：随着元音连续统中刺激的共振峰分布越来越靠近高元音/i/，其范畴边界越来越小，即越来越倾向感知成T1_T4连续统中平均调值相对较低的T4。对韩语母语者来说，10个元音刺激的范畴边界整体呈现出略微上升的趋势，如图7中的趋势线（虚线）所示，但上升幅度非常小，几乎是一条水平线，说明韩语母语者在知觉T1_T4连续统的过程中不受元音刺激的影响。对越南语母语者10个元音刺激的范畴边界和范畴宽度做了统计检验，结果表明10个元音刺激的范畴边界存在显著性差异 $F(9, 216) = 5.157$, $p < 0.001$，范畴宽度没有显著性差异 $F(9, 216) = 0.536$, $p = 0.848$。对韩语母语者10个元音刺激的范畴边界和范畴宽度也做了统计检验，检验结果表明10个元音刺激的范畴边界 $F(9, 171) = 1.772$, $p = 0.077$

和范畴宽度 $F(9, 171) = 0.665$，$p = 0.74$ 均不存在显著性差异。

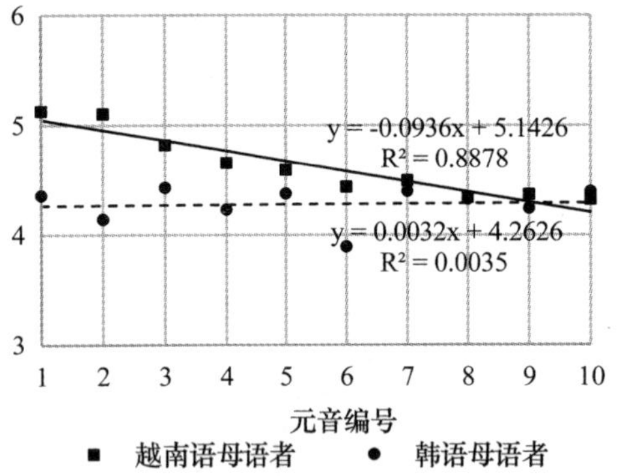

图7 10个元音刺激 T1_T4 连续统的范畴边界

3.2.4 T1_T4 连续统小结

第一，越南语母语者和韩语母语者对汉语普通话阴平、去声的感知属于范畴化感知。从范畴边界大小来看，越南语母语者大于韩语母语者。范畴边界越大，阴平的感知范围越宽，去声的感知范围越窄。这说明在 T1_T4 声调连续统的感知过程中，要将一个声调刺激感知为去声，越南语母语者需要基频曲线有一个更大的下降幅度。

第二，越南语母语者10个元音刺激的范畴边界整体上呈现出下降的趋势，这说明随着元音刺激的共振峰分布越靠近高元音/i/，范畴边界越小，越倾向感知成T4。而韩语母语者在 T1_T4 声调连续统的感知过程中并没有受到不同共振峰分布下元音的影响。

第三，越南语母语者10个元音刺激的范畴宽度均没有显著性差异，说明不同共振峰分布下元音对 T1_T4 感知的影响不在范畴化程度，而在范畴边界。

4. 讨论

4.1 内在音高与声调感知

"内在音高"（有的研究也称之为"固有音高"）指的是相同语音环境下元音的产出过程中，高元音/i/、/u/比低元音/a/具有更高的基频。内在音高现象最早是在德语中发现的［12］，自此以后，许多研究均报道过内在音高的存在。例如，Peterson 和 Barney［10］统计了33位成年男性、28位成年女性以及15名儿童在"h-v-d"语境下产出10个英语单元音的基频，发现三组人群的高元音/i/、/u/的基频均比低元音/a/高。Whalen 和 Levitt［12］通过收集已公开发表的58项研究中元音的基频数据，调查了31种语言，发现所有语言都存在内在音高现象，从而提出内在音高具有普遍性。Shi 和 Zhang［11］、董倩倩［14］等通过统计汉语普通话/a/、/i/、/u/在各声调下产出时的基频，发现/a/的数值最小，/i/的数值较高，/u/的数值最高，也证实了汉语中内在音高的存在。

为了考察这种内在音高是否能被人耳所知觉，研究者们比较了相同基频、不同音质条件下元音的音高感知情况，发现在同等基频参数的情况下，低元音/a/比高元音/i/，/u/具有更高的音高感知［2，9］。将此发现运用到声调连续统的感知过程中，低元音/a/应该倾向感知为连续统中调值相对较高的声调，高元音/i/应该倾向感知为连续统中调值相对较低的声调，这种预测与本文的研究结果刚好一致，因而本研究从知觉方面为"内在音高"的普遍性提供了来自汉语普通话的新证据。

4.2 二语者声调习得过程中的"线索权衡"问题

"线索权衡"强调的是同一个声音信号中不同的声学信息对于听者的知觉敏感程度。例如，粤方言中的声调不仅存在音高曲线（pitch contour）的对立，还存在音高高度（pitch height）的对立。当粤语母语者和汉语母语者同时感知粤语平调时，汉语母语者所表现出来的范畴化程度弱于粤语母语者，这说明汉语母语者在感知粤语平调时对音高高度这一维的声学信息并不敏感。将线索权衡运用到二语习得领域，研究发现音高高度和音高曲线的斜率这两个维度可以很好地解释声调语言的母语者和非声调语言的母语者在声调知觉模式上的差异：声调语言的母语者主要依靠音高曲线的斜率，而非声调语言的母语者主要依靠平均音高［1，7，8］。

将本文二语者的研究结果与汉语母语者［13］的结果进行对比，我们发现三组被试在声调知觉过程中表现出的对“不同共振峰分布下元音”的听觉敏感性从高到低依次是越南语母语者、汉语母语者和韩语母语者。“线索权衡”刚好可以解释这种现象。越南语是一种声调语言，一共有6个声调，用五度值表示分别是44（平声）、32（玄声）、323（问声）、325（跌声）、45（445）　（锐声）和31（331）（重声）［16］，可以看出，有些调类之间的调值比较接近，例如玄声（32）和重声（31），问声（323）和跌声（325）。但是，越南语母语者在交际过程中却可以成功知觉出不同的调类而不影响言语表达，说明除了基频之外，越南语母语者可能还依赖了别的线索，这个线索或许就是承载声调的元音（或是区分元音的关键声学线索共振峰）。汉语也是一种声调语言，汉语一共是4个声调，用五度值表示分别是55（阴平）、35（阳平）、214（上声）、51（去声）。从调类与调类之间在调值上的差异来看，汉语稍大于越南语。从声学空间来看，越南语声调的声学空间比汉语拥挤。韩语是一种无声调语言，准确地说，本研究中韩语被试的母语背景没有声调。如果按照声调种类的多少给三种语言进行排序，从高到低依次是越南语、汉语和韩语。可以进一步发现，母语背景中声调的种类越丰富（或声学空间越拥挤），说话人在声调知觉过程中赋予元音线索（或共振峰）的权重就越大。

5. 结论

越南语母语者和韩语母语者对汉语普通话声调的辨认均不同程度地依赖了共振峰线索。从滤去基频和滤去不同共振峰频率的声调辨认结果来看，越南语母语者和韩语母语者均表现出了较高的知觉正确率，说明两组被试已经掌握了共振峰在声调知觉过程中的作用。从不同共振峰分布下元音对声调感知影响的结果来看，越南语母语者表现出对共振峰线索更大的依赖性，随着元音的共振峰分布越靠近高元音/i/，范畴边界越小。而韩语母语者只在音高差异较大的一声和二声声调连续统的感知过程中表现出对共振峰较大的依赖。

6. 致谢

本研究得到语言资源高精尖创新中心项目“面向智能语音教学的汉语中介语语音多模态语料库研究（编号KYR17005）、北京语言大学重大基础研究专项项目（编号16ZDJ03）、中央高校基本科研业务专项资金20YJ04002的经费支持。

参考文献

［1］Chandrasekaran, B., Sampath, P. D., Wong, P. C. M. 2010. Individual variability in cue-weighting and lexical tone learning. *The Journal of the Acoustical Society of America*, 128 (1), 456-465.

［2］Chuang, C. K., Wang, S. Y. 1978. Psychophysical pitch biases related to vowel quality, intensity difference, and sequentialorder. *The Journal of the Acoustic Society of America*, 64 (4), 1004-1014.

［3］Flege, J. E., Eefting W. 1987. Production and perception of English stops by native Spanish speakers. *Journal of Phonetics*, 15 (1), 67-83.

［4］Flege, J. E., Mackay, I. R. A., Meador, D. 1999. Native Italian speakers' perception and production of English vowels. *The Journal of the Acoustical Society of America*, 106 (5), 2973-2987.

［5］Fox, R. A., Qi, Y. Y. 1990. Context effects in the perception of lexical tone. *Journal of Chinese Linguistics*, 18 (2), 261-284.

［6］Fry, D. B., Abramson, A. S., Eimas, P. D., Liberman, A. M. 1962. The identification and discrimination of synthetic vowels. *Language and speech*, 5 (4), 171-189.

［7］Gandour J. T., Harshman R. A. 1978. Cross-language differences in tone perception: A multidimensional scaling investigation. *Language and speech*, 21 (1), 1-33.

[8] Gandour, J. 1983. Tone perception in Far Eastern languages. *Journal of Phonetics*, 11 (2), 149 - 175.
[9] Hombert, J. M. 1978. Consonant types, vowel quality, and tone. *Tone: A linguistic survey*, 77.
[10] Peterson, G. E., Barney, H. L. 1952. Control methods used in a study of the vowels. *The Journal of the acoustical society of America*, 24 (2), 175 - 184.
[11] Shi, B., Zhang, J. L. 1987. Vowel intrinsic pitch in standard Chinese. *Proceeding of the 11th International Congress of Phonetic Science*.
[12] Whalen, D. H., Levitt, A. G. 1995. The universality of intrinsic F0 of vowels. *Journal of phonetics*, 23 (3).
[13] 曹冲、解焱陆、张劲松:《不同共振峰分布下元音对声调感知的影响》,《清华大学学报(自然科学版)》2018 年第 4 期,第 352—356 页。
[14] 董倩倩:《汉语普通话元音音高再探》,《文教资料》2010 年第 31 期,第 27—28 页。
[15] 冯丽萍、胡秀梅:《零起点韩国学生阳平二字组声调格局研究》,《汉语学习》2005 年第 4 期,第 63—69 页。
[16] 傅成劼、利国:《越南语基础教程》,北京大学出版社 1989 年版。
[17] 梁之安:《汉语普通话中声调的听觉辨认依据》,《生理学报》1963 年第 26 期,第 3—10 页。
[18] 林焘:《语音研究和对外汉语教学》,《世界汉语教学》1996 年第 3 期,第 20—23 页。
[19] 王星、刘亚丽:《元音差异对声调感知范畴的影响》,《声学技术》2013 年第 6 期,第 221—222 页。
[20] 王韫佳:《韩语母语者对普通话阳平和上声的知觉》,《语言教学与研究》2011 年第 1 期,第 17—25 页。
[21] 吴门吉、胡明光:《越南学生汉语声调偏误溯因》,《世界汉语教学》2004 年第 2 期,第 81—87 页。
[22] 武波:《音质特征在汉语普通话阴平_阳平感知中的作用》,硕士学位论文,上海师范大学,2015 年。
[23] 杨玉芳:《元音和声调知觉》,《心理学报》1989 年第 1 期,第 31—36 页。
[24] 张丽娟:《英德母语者对普通话声调的感知和发音》,硕士学位论文,北京大学,2012 年。
[25] 张林军:《母语经验对留学生汉语声调范畴化知觉的影响》,《华文教学与研究》2010 年第 2 期,第 19—24 页。

曹 冲 中国社会科学院语言研究所,博士后,主要研究领域为言语韵律、语音习得。
E - mail: caochong2013@126. com

张劲松 北京语言大学信息科学学院,博士,教授,主要研究领域为计算机辅助语音习得、语音学、语音工程。
E - mail: jinsong. zhang@blcu. edu. cn

李爱军 中国社会科学院语言研究所,博士,研究员,主要研究领域为言语韵律、L1 & L2 语音习得、情感语音。
E - mail: liaj@cass. org. cn

传承与创新

——纪念吴宗济先生110周年诞辰语音学研讨会综述①

李　倩

吴宗济先生（1909.4.4—2010.7.30）

① 本文刊发于“今日语言学”公众号2019年5月29日。

5 月 20 日，传承与创新——纪念吴宗济先生诞辰 110 周年语音学研讨会在中国社会科学院语言研究所大会议室隆重召开，中国社会科学院科研局局长马援，科研局副局级学术秘书朱渊寿，语言所所长刘丹青，科大讯飞高级副总裁、研究院院长胡国平等出席了会议。会议还邀请了吴宗济先生的家人、同事和学生以及海内外语音学界的友好代表。大会的议题是“传承与创新”，上午追思吴宗济先生的学术思想，下午是语音科学前沿论坛。语言所副所长李爱军研究员主持了上午的追思活动。

中国社会科学院科研局局长马援在致辞中提到，在科研局工作近三十年，跟吴宗济先生仅有过几面之缘，但对吴先生的大家风范印象深刻。本次会议的主题除了缅怀吴先生的学问、人品，更大的寄托是要把吴先生开创的事业不断传承和创新。中国社会科学院作为人文社会科学的老单位大单位，当前面临着学科发展非常重要的历史时期，遇到了几个重要的发展问题：第一是一些老学科经过了很长时间的发展后，学科的设置包括学科使用的方法都比较陈旧，跟不上现在时代发展的要求；第二是学科与学科之间的壁垒比较高，学科之间的融通比较少，影响了学科的创新；第三就是学科和人才发展遇到很大的挑战。吴先生留下的财富是他对于学科前沿的及时跟踪和他对于多学科的融通和创新，这种精神对于我们整个社科院的学科建设都非常有价值。

中国社会科学院科研局局长马援致辞

语言所所长刘丹青谈到，作为以实验为基本特征的现代语音学在中国的主要开创者和推动者之一，吴先生以毕生的精力调查研究中国的语言方言，创建本所的语音实验室，推动建立中国语音学的科学范式，不断开拓新的研究领域，广泛开展国际交流，培养了几代语音学骨干人才，功勋卓著，硕果累累。吴先生在学术交流还很困难的年代，就想方设法搭建让现代前沿学术和实验技术通往中国的桥梁，以东欧为中介打通与西方现代语音学的通道，将先进的科学技术及时引进中国，推动中国的语音学术与世界同步发展。他在年过九旬之后，仍然孜孜于学术新领域的探索，包括探讨书法艺术与汉语语音的关系，展示了心灵深处的中国情怀。吴先生是中国语言学者的光辉典范。当我们看到语音实验室在中国大地蓬勃生长，看到实验语音学的方法日益走进更多语言学领域，成为众多学科倚重的手段，看到语音技术已经在信息化、自动化和人工智能等领域大展身手，成为改变和提升人类生活方式的重要因素，看到吴先生参与培养的人才已经成为领先世界的语音产业的领军者，我们永远不会忘记吴先生等中国语音学拓荒者的伟大不朽功绩。

刘丹青所长致辞

胡国平院长致辞

科大讯飞高级副总裁、研究院院长胡国平，代表中国科技大学王仁华教授和董事长刘庆峰到会致辞，回忆了做语音技术的王仁华教授与吴宗济先生的结缘，以及刘庆峰跟随吴先生学习语音学成为忘年交的经历。当年创办科大讯飞的动力之一，就是吴宗济先生说过的一句话“中文语音技术一定要掌握在中国人自己手里。”而现在的科大讯飞已经成长为中国最大的拥有自主知识产权的语音技术公司，在语音识别、合成技术、语音翻译和自然语言理解等多项人工智能核心技术上已经处于世界水平，这与他们爱国情怀和不断创新的精神是分不开的。

吴宗济先生女儿吴茝珠女士深情回忆了吴先生几段往事。1956 年，被罗常培先生召回中科院工作，放弃上海洋房住在不到 10 平方米房间，夜以继日工作，改造设备做成切音机，提出了共振峰的测算法，开展生理和声学研究，由于成绩斐然，1979 年被国际语音学会推举为国际语音学会终身理事。而那时候，吴女士的床就是两个纸箱子。吴茝珠女士还回忆了吴先生 80 岁开始学习电脑，熟练使用语音软件分析语音特性的经历；回忆了吴先生不肯换到新房，直到去世都住在小三居，就是为了每周方便到语言所上班……

李爱军副所长主持

吴茝珠女士发言

中国科会院声学所张家騄研究员、中科院自动化所黄泰翼研究员、中国社科院民族所鲍怀翘研究员、台湾“中研院”语言所郑秋豫研究员、中国社科院语言所林茂灿研究员、北京大学王洪君教授、清华大学蔡莲红教授、南开大学石锋教授、社科院语言所曹剑芬研究员、北京大学孔江平教授、复旦大学马秋武教授、北京语言大学曹文教授、科大讯飞祖漪清高级研究员、中科院自动化所陶建华研究员、北京师范大学崔枢华教授，捷克科学院 Hana Třísková（廖敏）教授、旧金山大学李智强教授、社科院语言所熊子瑜研究员、公安部二所王莉研究员和黄文林副处长、扬州大学周卫京教授、暨南大学王茂林教授、广州智伴人工智能科技有限公司 AI 副总裁林其光以及中国社科院语音室培养的年轻后学敖敏、于珏、陈娟文、张钊、王海波、袁楚、刘亚斌、曹梦雪等到会，追忆了与吴宗济先生共同经历的过往岁月。

张家騄研究员

鲍怀翘研究员

郑秋豫研究员

林茂灿研究员

黄泰翼研究员

王洪君教授

蔡莲红教授

石锋教授

曹剑芬研究员

孔江平教授

曹文教授

祖漪清研究员

陶建华研究员

崔枢华教授

马秋武教授

Hana Třísková（廖敏）教授

李智强教授

座谈会现场

座谈会现场

胡方研究员主持

方强副研究员主持

研讨会现场

下午的语音学学术研讨活动由语音研究室负责人胡方研究员与方强副研究员主持。

伦敦大学许毅教授作了题为“从演化论的角度理解语音情感”的报告。他认为，情感在理论上主要是从内部感受的角度来解释的。在这种角度的主导下，对于语音中情感表达的实验研究主要在寻找不同情感的声学相关物，这些研究大多是数据驱动的。但到目前为止这些研究结果并不能对不同情感的语音表现作出可靠的预测。因此报告提出，任何情感的表达都应当是在演化过程中对于发出信号的个体有益的行为。具体来说，情感意义的表达由生物信息学范畴的一系列行为构成，并进而在语音的音段与韵律层面进行调控作用。报告展示了最近的研究数据，为生物信息观提供了支持，还演示了生物信息维度如何允许情感意义与言语中的非情感意义平行编码。

法国国家科学研究中心的 Daniel Hirst 教授作了题为“语音韵律的自动标注、显示和评测”的报告。他指出，语音韵律的自动标注是更好地理解语言韵律结构的一个不可或缺的步骤。而过去的几十年里，学界主要是通过从声学信号中自动提取韵律参数，在语音韵律领域——尤其是节奏和旋律的角度——进行语言类型学分类。报告从语音旋律自动分析的总体问题出发，展示了使用旋律指标来区分语言的结果，该结果已应用在了多语言语料库 OM-Pro Dat 中，该语料库包含英语、法语、普通话和广东话朗读语料，以及法语母语者与汉语母语者的英语口语录音语料。此外，报告还对语音韵律的自动可视化提出了一些具体建议，这些建议可以对二语学习者提供视觉和听觉反馈，帮助他们学习二语中的韵律。

许毅教授报告

Daniel Hirst 教授报告

中国科学技术大学的凌震华副教授作了题为“人工智能与语言语音科学”的报告。近年来随着深度学习的快速发展，以机器学习为基础的人工智能技术进展迅速。在语音和语言信息处理领域，在深度学习模型的推动下，语音识别、语音合成、自然语言理解等任务的性能也得到了显著提升。报告首先简要回顾近年来智能语音语言技术发展的前沿进展，然后着重介绍了在实现人工智能技术与语言语音科学的双向支撑与融合上的研究实践。一方面，以语音合成、自然语言推理等智能技术研究为例，展示了通过融合语言学和语音学知识，可以进一步促进现阶段以机器学习为基础的人工智能技术的性能提升；另一方面，结合大脑中的概念表征、老年认知障碍检测等研究工作，介绍了人工智能技术在探索语言语音机理方面所能发挥的积极作用。

凌震华副教授报告

党建武教授报告

最后一个主题演讲为日本北陆先端科学技术大学院大学、天津大学党建武教授作了题为“言语的生成、感知与理解”的报告。人类神奇而高效的言语理解功能一直是人工智能领域关注的话题之一，它被比喻为人工智能皇冠上的明珠。人可以简单地分离语音中的语言信息、副语言信息和非语言信息，并在语音感知时排除个人差异，理解时利用个人信息，理解言语的潜在意图。这是目前所有的语音处理系统和人工智能技术都无法比拟的。和视觉功能相比，言语作为既有输入又有输出的高级智能行为，其脑机理的研究有望为人工智能技术突破性的发展提供更有力的支撑。报告从底层的言语感知到高层的言语交互探索各个层面的言语特征和言语行为规律。在生理层，揭示了言语产生和感知、言语运动表征和听觉表征之间的关系，研究了突破人类听觉制约的说话人特征抽取方法；在脑神经层，通过脑电分析探索言语生成和感知过程脑网络全时程的动态交互；在声学层，探讨语音识别、说话人识别以及语音合成可能的新突破；在语音交互层，以韵律线索为抓手，探索新的语境表示及其规则推理的方法并通过对话系统进行展示和验证。报告从上述不同的层面进行了总结和展望。

全体与会人员合影